QUE MENIOSA ?
Le labyrinthe de JMB

ALEXANDRE GEORGANDAS

QUE MENIOSA ?
Le labyrinthe de JMB

Rki press

COLLECTION INTERLOQUE

ISBN : 9791094084052

À JMB
pour sa précieuse collaboration

<h1 style="text-align:center">Séance 0</h1>

AG : C'est parti. C'est parti donc je fais un test pour voir. Si tu réponds à cette distance, ça donne quoi ? Il faut qu'on soit libre de répondre sans s'occuper de ce machin.

JMB : Oui.

AG : Oui.

JMB : Là, moi, faudrait pas que je m'occupe de savoir, si je me lance dans le labyrinthe, dans la description du labyrinthe…

AG : Oui, non, mais surtout qu'il faut que je me lance moi aussi sur le chemin sans m'occuper vraiment… Quoi, tu disais, oui, qu'est-ce que tu voulais dire ? Tu te lances dans le descriptif…

JMB : Que pour ne pas arrêter la…

AG : Le cheminement.

JMB : …, le cheminement, il faut que, même si je pense que le labyrinthe que j'ai donné au début du, de la conversation…

AG : Oui ?

JMB : …, même si je pense qu'à un moment donné il s'effondre, que ça ne tient plus, il faut que j'aille au bout de mon cheminement.

AG : Ah ben oui, non, mais même si un labyrinthe

s'effondre, déjà, je vais te demander pourquoi il s'effondre, et qu'est-ce qui reste.

JMB : Qu'est-ce qui reste ?

AG : Qu'est-ce qui reste. Et si tu me dis qu'il n'y a plus de labyrinthe…

JMB : Il n'y en a plus.

AG : …, je t'interrogerai sur ce qu'il y a, sur ce qu'il y a quand il n'y a plus de labyrinthe.

JMB : Oui.

AG : Mais c'est vrai que si tu me casses – tu as droit de me le casser, tu as droit de casser le labyrinthe! Une fois que le labyrinthe est commencé, il peut se produire n'importe quoi. Par contre, tu vas un peu m'embêter si tu me le pètes au bout d'une séance. Si tu me dis : « Le labyrinthe… », j'ai rencontré une personne comme ça aussi qui m'a dit : « On ne peut pas aller plus loin, toutes les issues sont condamnées. »

JMB : Une séance ?

AG : Oui, une longue séance. Elle refusait d'aller plus loin, mais j'aurais pu continuer si elle avait accepté la règle du jeu sur cinq séances. Je le lui ai demandé, hein, mais je ne lui avais pas posé la règle au départ : cinq séances! Elle m'a répondu : « Non, moi je ne peux pas continuer. »

JMB : C'est un exercice de pensée quand même que de continuer.

AG : Oui, mais elle, elle voulait continuer sur autre chose. Je ne lui avais pas posé la règle, elle ne l'avait pas acceptée. Là, on accepte de s'engager sur cinq séances. Même pour moi, ça va être difficile à des moments. À des moments, je vais me dire : « Voilà, on est au bout. » Mais on n'est jamais au bout, Jean-Mickaël. On sera au bout quand on sera mort, si tu veux, et encore, je ne sais même pas où on sera. Mais le fait est qu'il se passe quelque chose. L'imagination est sans limites, tu vois. Ta pensée ne s'arrêtera pas, ta pensée ne s'arrêtera pas jusqu'à ta mort. Donc là, tu me dis : « Le

labyrinthe, on est arrivé au bout. » Je te réponds :
« Comment est-ce possible, comment peut-on arriver au
bout d'un cheminement ? » Il y a toujours quelque chose
derrière, non ?... Et même s'il s'écroule, pourquoi était-il là,
quoi, ce labyrinthe ? C'est le tien, c'est toi qui l'a construit,
s'il s'écroule, c'est que tu veux qu'il s'écroule. Tu as décidé
que ce labyrinthe s'écroulait. Moi, ce que je veux savoir, c'est
pourquoi as-tu décidé que maintenant, dans cette pièce, dans
cette galerie, à cet endroit précis, le labyrinthe s'est écroulé ?
Est-ce qu'on peut le reconstruire, peut-on le continuer, peut-
on faire demi-tour, est-ce qu'on est piégé, qu'est-ce qu'on
fait ? Moi, ce qui m'intéresse…, le labyrinthe n'est qu'une
métaphore, plus qu'une métaphore, de la logique, de la
logique qui réfléchit, c'est-à-dire de la logique qui rencontre
ses limites, comme toute personne qui réfléchit de manière
active, c'est-à-dire qui utilise des chemins de pensée qui
s'avèrent dysfonctionnels, ou ne pas fonctionner, qui
l'obligent…

JMB : « Plus qu'une métaphore », ça veut dire…

AG : Ben, plus qu'une métaphore, parce qu'on en construit
partout, si tu veux, des labyrinthes. L'homme en réalise, en
produit, partout.

JMB : C'est le schème spéculatif de Whitehead.

AG : Peut-être. Je déteste ces terminologies, euh…, mais…

JMB : (*Rire.*)

AG : … je comprends « schème spéculatif », mais je préfère
« labyrinthe ». Bon, bref, donc j'ai fait un petit
enregistrement, qui a été assez long d'ailleurs…, ah non,
trois minutes.

JMB : Bon enregistrement.

AG : Un bon enregistrement, on va dire. Je verrai si le son
sature.

Séance 1 : le blanc du bol

AG : Voilà, bon, on commence un peu de manière abrupte.

JMB : Oui.

AG : Donc que vais-je te demander ?

JMB : De te décrire mon labyrinthe.

AG : Voilà. Je vais te demander – on va essayer d'y aller doucement, sans pression excessive – d'imaginer effectivement un labyrinthe. Que ce soit le tien, ça, on verra par la suite. On va commencer même plus simplement, je te propose *l'idée* du labyrinthe.

JMB : D'accord.

AG : Et je te demande, de ton côté, de m'en donner une représentation. Je vais te demander d'avancer de manière assez intuitive, c'est-à-dire de te laisser guider par ce qui te vient à l'esprit, et on structurera ensuite. C'est-à-dire que mon rôle va être d'essayer d'approfondir les images que tu proposes, que tu nommes. Donc, ce fameux labyrinthe, tu commencerais comment ?

JMB : Je commencerais par un labyrinthe dont il n'y a pas d'image, dont il n'y a pas de représentation. En fait, il faudrait se libérer de la représentation même du labyrinthe…

AG : Ah, tiens, il faut que je chope mon petit cahier. Alors, moi, je fais mon boulot…

JMB : (*Rire.*)

AG : …, tu ne m'en voudras pas. Je sors mon petit carnet et je dois avoir quelque part un stylo, si j'ai bien fait les choses. (*Au serveur.*) Je vais prendre un thé du Maroc. Voilà, donc tu me dis, concernant ce labyrinthe, que tu voudrais te libérer de la représentation, de l'image même du labyrinthe.

JMB : Oui, il ne faudrait pas le voir avec l'image de…

AG : Alors, juste, tu me dis : « Il ne faudrait pas le voir avec l'image de ». On va voir l'image que tu m'as mimée :

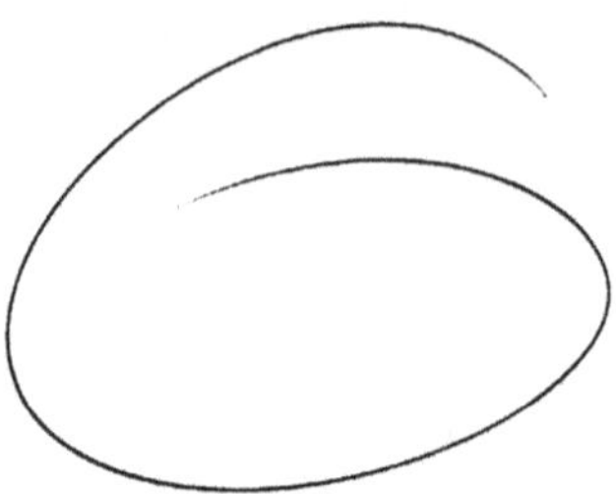

En fait, c'est une image circulaire. Pourquoi, déjà, cette image circulaire dont on devrait se libérer ? C'est quoi cette image dont on devrait se libérer, pourquoi m'as-tu fait un cercle ?

JMB : Non, je crois que c'était une mauvaise…, c'était un geste inconscient, ce n'était pas vraiment…

AG : C'est pour ça aussi qu'il m'intéresse. J'aimerais savoir pourquoi tu as associé l'image classique, ou habituelle qu'on se fait du labyrinthe à quelque chose de circulaire, à une représentation circulaire. Tu me dis que c'est une erreur, pourquoi ?

JMB : Ce n'est pas une erreur. Dans tous les cas, ce n'était pas intentionnel, mais je ne saurais pas expliquer pourquoi je l'ai faite circulaire et pas…

AG : Et pas carrée ?

JMB : Et pas carrée.

AG : Laissons pour le moment cette image circulaire ou ronde du labyrinthe.

JMB : D'accord.

AG : Quelle est l'image qu'on se fait habituellement d'un labyrinthe, avant même de savoir pourquoi il faudrait s'en libérer ?

JMB : Eh bien, j'imagine cette image avec des murs, avec des obstacles, des arbres. Je me vois plongé à l'intérieur d'un labyrinthe, imaginons avec des buissons…

AG : Des buissons ou des murs ?

JMB : Un peu comme dans un jardin *Le Nôtre*, en fait.

AG : En fait, il s'agirait de murs végétaux.

JMB : Oui, j'aime bien cette image-là. Moi, je me le représente toujours un peu comme ça. Des murs végétaux où on doit trouver la sortie du labyrinthe.

AG : Et pourquoi ne te satisfais-tu pas de cette image ?

JMB : Parce qu'on le voit de surplomb, on le voit d'en haut, on voit toujours ce labyrinthe…

AG : Du dessus ?

JMB : Oui, du dessus. Enfin, quand on voit ce labyrinthe, on le voit d'en haut, on le surplombe, on n'est pas dedans. On a une image où on est à l'intérieur du labyrinthe et, en même temps, je ne pense pas que la vie soit faîte de murs végétaux en face de nous, et c'est pour ça que j'élimine toute image. En gros, le labyrinthe, ça serait mon esprit en train de fonctionner tout le temps. Enfin, maintenant.

AG : Donc, la représentation que tu veux me donner du labyrinthe, pour l'instant, c'est… : il n'y a pas de représentation visuelle, extérieure ou qui surplombe une structure de murs végétaux, va-t-on dire, dont tu te dégages… Qu'est-ce qui se passe là, pourquoi ça le fait en rouge maintenant ?… Bon, j'espère qu'il enregistre bien, j'ai l'impression qu'il va un peu vite, non ? C'est normal ? Bon, ça a l'air normal. Bon, enfin, bref, la technique.

JMB : (*Rire.*)

AG : Alors, tu dis que tu veux te dégager, que ce labyrinthe, – alors, c'est un peu dur pour moi – tu ne veux pas te le représenter parce qu'il y aurait un véritable labyrinthe qui correspondrait, en fait, à la structure même de ta pensée…

JMB : De toute pensée, oui.

AG : … ou de toute pensée, et auquel aucune image ne pourrait renvoyer.

JMB : Oui.

AG : Donc, quand je te demande de me décrire ce labyrinthe, ça semble difficile parce que tu me dis qu'il n'y a pas d'image.

JMB : Il n'y a pas d'image mais je pense que ça n'empêchera pas la description du labyrinthe.

AG : Dans ce cas, vas-y, je t'écoute.

JMB : (*Rire.*)

AG : Décris-moi ce qui n'a pas d'image ou dont on ne pourrait donner une image.

JMB : C'est plutôt ce qui se passe à l'intérieur…

AG : Du labyrinthe ?

JMB : Du labyrinthe, oui, qu'on pourrait essayer de décrire ou de visualiser.

AG : Alors, ce genre d'exercice est rigolo, surtout avec les problèmes techniques. Je vais me mettre en mode avion, ça va m'aider…

JMB : (*Rire.*)

AG : Voilà. Moi, ce qui me fait rire, c'est que j'étais venu avec des idées préconçues. Avec l'idée d'une représentation matérielle, physique du labyrinthe sur laquelle j'allais t'interroger. À la limite, tu m'avais déjà fait le coup, quand je t'avais posé la question à l'origine sur le labyrinthe, tu m'avais emmené…

JMB : Dans un truc un peu bizarre, oui.

AG : Dans un labyrinthe inattendu, va-t-on dire. Mais là, je vais quand même reprendre un peu la main. J'accepte l'idée que ce labyrinthe qui correspond pour toi à la façon dont tu penses, ou dont on pense, n'est pas représentable en tant que tel puisqu'on ne saurait représenter la pensée.

JMB : Oui.

AG : Mis à part de manière allégorique ou autre, mais on ne peut pas la représenter matériellement, concrètement, parce que, voilà, elle est de nature immatérielle.

JMB : Oui.

AG : Mais moi, ce qui m'intéressait, c'était de savoir ce qui se passait avant d'entrer dans le labyrinthe, au moment d'y rentrer. Tu me dis que ce labyrinthe c'est celui de la pensée, c'est celui que tu veux donner à voir, ou en tout cas à penser, mais as-tu toujours été dedans ?

JMB : J'ai toujours été dedans, oui.

AG : Et dirais-tu que tu y es toujours ?

JMB : Oui.

AG : Quand tu dors, tu y es ?

JMB : Oui.

AG : Quand tu regardes un film ?

JMB : Oui, tout le temps.

AG : Donc, tu n'y es jamais entré, tu y as toujours été ?

JMB : Exactement. C'est peut-être aussi un bon justificatif du fait qu'il n'y ait pas de représentation visuelle.

AG : Je dirais même que le labyrinthe, tel que tu le décris ici, correspond à un état psychique antérieur à toute représentation.

JMB : Oui, je ne sais même pas comment j'y suis rentré. Enfin, j'y suis rentré en même temps…

AG : Que tu t'es mis à penser.

JMB : C'est ça.

AG : Qu'est-ce qui te permet d'affirmer ce genre de choses, c'est une intuition ?

JMB : C'est une envie de labyrinthe de ce type-là. Enfin, c'est plutôt un exercice créatif. Il y a peut-être là-dedans une part de ce que je pourrais penser mais je prends ça plutôt comme un exercice spirituel. Ça m'amuse de créer un labyrinthe qui ne serait pas matériel.

AG : D'accord. On va reprendre à ce que tu disais, que le fait de ne pas pouvoir le décrire matériellement n'empêche pas d'en parler, c'est ça ?

JMB : Oui, comme la philosophie ne s'est jamais empêchée de parler de la pensée.

AG : Alors comment parlerais-tu de ce labyrinthe immatériel qui est celui de la pensée ?

JMB : Comment ?

AG : Ah, le rythme est soutenu! On va se relâcher un peu. Comment t'y prendrais-tu pour en parler ? Là, tu y es en ce moment ou pas ?

JMB : J'y suis tout le temps, bien sûr!

AG : Et moi, j'y suis aussi alors, ou pas ?

JMB : Oui. Peut-être pas dans le même labyrinthe.

AG : On n'est pas dans le même labyrinthe ?

JMB : Non.

AG : Qu'est-ce qui te permet de l'affirmer, vu que tu es dans un labyrinthe ? Comment peux-tu savoir que je ne suis pas dans le même ?

JMB : C'est pas faux.

AG : (*À la serveuse.*) Le thé du Maroc, ici. (*Bruit de tasses.*) C'est la pause!

JMB : (*À la serveuse.*) Merci beaucoup.

AG : (*À la serveuse.*) Merci. Pourquoi est-ce qu'il y a deux tasses ? C'est peut-être pour ne pas se brûler les mains, non ? C'est un peu bizarre. Ça marche, ça enregistre toujours, là, tu crois ?

JMB : Oui.

AG : Ça marche. Donc, on en était où ?

JMB : Savoir si l'on était dans le même labyrinthe.

AG : Ta première réaction a été de dire que non. Est-ce que tu peux essayer de l'approfondir ou pas ?

JMB : (*Silence.*)

AG : Ne te sens pas obligé de dire quelque chose d'ailleurs, si tu n'as rien à dire, tu n'as rien à dire.

JMB : J'ai dit non parce que ça reste pour moi deux schémas de pensée différents et deux représentations différentes.

AG : Qu'est-ce qui te permet de dire que j'ai un schéma de pensée ou une représentation différente de la tienne ?

JMB : Parce que vous essayez de suivre ce que j'essaye de décrire.

AG : Mais on pourrait se trouver – si je reprends le labyrinthe tel qu'on se le représente habituellement, c'est-à-dire comme une série de galeries –, on pourrait se trouver en deux endroits différents. Ce qui expliquerait, si je te parle de loin par exemple, que je te demande des renseignements, mais on serait quand même dans la même structure.

JMB : Je pense qu'il y a une part de ce labyrinthe propre à chacun, qui ne sont absolument pas les mêmes, que nous parcourons l'un et l'autre, mais il y a aussi une part dans ce labyrinthe que nous partageons. Alors, je ne sais pas si c'est Alexandre ou si c'est les mots d'Alexandre qui viennent s'introduire dans mon labyrinthe et viennent perturber quelque peu…

AG : Tes…

JMB : … mon avancée.

AG : Comment pourrait-on dire ça ? Tes pérégrinations ou tes déplacements.

JMB : C'est ça.

AG : En fait nos échanges nous obligent, de toute façon, à nous repositionner et à avancer dans des directions qu'on n'avait pas forcément prévues. Pour ma part, en arrivant ici, j'attendais que tu me décrives l'entrée du labyrinthe. Ça, si je prends ta façon de voir les choses, c'était dans mon labyrinthe. Dans mon labyrinthe, il y avait Jean-Mickaël qui me rencontrait et qui acceptait de me décrire un portail, une entrée du labyrinthe qu'il avait choisi de représenter et là, tu as coupé court, tu as fait obstacle à ce que j'essayais de me représenter et tu m'as obligé à me diriger dans une autre direction que j'essaye de suivre et là, on peut dire que je suis avec toi à ce moment-là puisque j'essaye de te suivre. Donc, on peut dire que là, à ce moment-là, je suis dans ton labyrinthe. Est-ce que tu penses qu'en ce moment, dans ma tête, j'essaye de me représenter autre chose, ou qu'un autre labyrinthe est présent que celui que tu me donnes à penser ? Je suis sur la ligne de tes mots, sur la trace de tes affirmations. Je te suis à la trace de tes affirmations. En ce sens, je suis dans ton labyrinthe. Par contre, de manière paradoxale, en fait là, c'est moi qui parle, donc c'est toi qui est dans le mien. Nos chemins, pour l'instant, ne cessent de s'échanger et on se suit l'un l'autre. Mais l'idée c'est quand même que ce soit moi qui te suive, donc reprenons ton chemin, si tu es quelque part.

JMB : On est toujours quelque part.

AG : (*En parlant du thé.*) Je sais ce que je vais faire, « tac! », comme ça je m'en referais un, voilà.

JMB : Est-ce que le seul labyrinthe en commun qu'on puisse avoir ce n'est pas le labyrinthe langagier ? Est-ce que ce n'est pas le seul qu'on puisse partager ?

AG : Qu'est-ce qu'on pourrait partager d'autre ? Tu dis que ce n'est pas le seul, c'est une question, c'est quoi ?

JMB : Quand tu dis qu'on est dans le même labyrinthe, il s'agit de ce même labyrinthe-là, le labyrinthe langagier. Ce n'est pas le labyrinthe de Jean-Mickaël.

AG : Effectivement, la question est là. Toi-même tu es dans un exercice de création qui ne t'appartient plus complètement. Tu es dans un échange et effectivement tu pourrais me dire qu'à partir du moment où tu communiques avec moi, tu n'es plus dans ton état d'esprit, on va dire, naturel, ou, en tout cas, propre. Que tu es dans un système d'échange et que tu es influencé comme je le suis par l'échange lui-même, que nous sommes en train de générer un labyrinthe commun mais qui ne nous appartient plus en propre.

JMB : Pourrait-on mettre de côté cette idée de labyrinthe propre à chacun pour revenir sur cette transformation qu'a autrui sur l'autre et, dans ma description, si je devais la continuer, ça serait un peu le renversement de ce que dit Kant sur les représentations : ce n'est pas notre esprit qui fait le monde mais ça serait l'inverse, ce serait le monde qui construirait le sujet.

AG : Quel monde ? Tu parles des diverses influences qu'on reçoit de l'extérieur, qu'elles soient humaines ou non-humaines ?

JMB : Oui, c'est ça qui me construit.

AG : Donc tu te rapprocherais plus ici de quelqu'un comme Hume, pour le dire. Toutes nos idées proviennent des sens.

JMB : Je ne sais pas jusqu'où va la portée empirique de cette proposition-là mais oui ce serait un peu ça. Tout en limitant la dimension empirique.

AG : D'accord, alors je vais essayer de reprendre la main là-dessus. Si l'on admet que le labyrinthe, que ton état de pensée naturel est celui du labyrinthe, un labyrinthe qui varie en fonction de ta situation, si tu es en situation d'échange, etc., mais on pourrait dire que même si tu es dans une situation qui n'est pas une situation d'échange, c'est-à-dire quand tu es seul avec toi-même, qui n'est pas une situation de communication, tu erres dans un labyrinthe qui t'es propre, même si l'autre, même si autrui n'est pas à ce moment-là physiquement présent. Et tu dis que ce labyrinthe est en fait le résultat du monde, le parcours que tu suis dans ce labyrinthe est fonction de tes interactions avec le monde.

JMB : Oui.

AG : Alors, petite question.

JMB : (*Rire.*) Toute petite.

AG : On verra.

JMB : Ce sont les meilleures.

AG : Petite question qui semblera peut-être un peu

innocente, dite comme ça : le monde lui-même est-il un labyrinthe ? Parce que tu me dis que tu ne suis pas Kant quand il dit qu'on produit le monde à son image, ou quelque chose comme ça, selon les structures propres de notre esprit, de notre façon de percevoir les choses ou les phénomènes. Le monde, même si tu n'y as pas accès, seulement dans une certaine limite, toujours si on reste sur Kant, est-ce qu'on peut supposer qu'il est lui-même labyrinthique, ou que c'est l'homme qui fait du monde un labyrinthe ?

JMB : C'est ça. C'est pour moi l'homme qui fait du monde un labyrinthe.

AG : Mais le monde, même si tu n'y as pas accès, tu supposes qu'il serait plutôt, lui, d'essence simple, relativement simple.

JMB : Oui.

AG : Qu'est-ce que ça serait quelque chose qui ne serait pas un labyrinthe ? Qu'est-ce que serait un état d'esprit – revenons à l'état d'esprit puisque c'est ce qu'on connaît le mieux –, un état d'esprit ou de pensée, pour reprendre ton terme, qui ne serait pas labyrinthique ? Est-ce qu'on peut le concevoir, se le représenter ou pas ?

JMB : Ça serait quelque chose qui serait, j'ai envie de dire, un fait pur. C'est-à-dire qu'il n'aurait pas de forme, il n'aurait pas de valeur, il n'aurait pas de signification, de sens, ça serait juste un fait, brut. Ça ne serait que des faits bruts.

AG : Donc ça ne serait pas une pensée ?

JMB : Çà me semble difficile d'appeler ça une pensée, si l'on enlève le caractère, les idées liées, etc.

AG : Quand quelqu'un répare, par exemple, un véhicule, une automobile, quand un garagiste répare un moteur, il agit aussi intellectuellement, c'est-à-dire qu'il est conduit par le savoir-faire dont il dispose, il suit un cheminement intellectuel pour réparer ce véhicule. Est-ce qu'il est dans un labyrinthe, là ? Pour dire les choses plus simplement, quelqu'un qui nettoie une glace, qui nettoie une vitre…

JMB : (*Rire.*)

AG : Non mais j'essaye de trouver un exemple simple. Quelqu'un qui nettoie une vitre avec du produit, avec son chiffon, il sait ce qu'il a à faire. Il suit un chemin qui n'est pas un labyrinthe, à aucun moment il ne se sent perdu. Il suit le chemin jusqu'à la fin, ou pas ?

JMB : Du fait même qu'il sache ce qu'il fait, du fait même qu'il sache comment il faut le faire, il y a déjà un labyrinthe. Alors, évidemment, il ne faut pas prendre le labyrinthe, dans ce cas, comme quelque chose qui complique ou qui…

AG : Alors là, je t'arrête aussi. Est-ce qu'on est d'accord sur cette définition du labyrinthe : une structure dans laquelle tu peux te perdre, plus que ça, dans laquelle tu vas forcément te perdre, à moins de disposer du fil d'Ariane, à moins de disposer d'un plan, etc. ?

JMB : Mais c'est une structure dans laquelle on a aussi des certitudes. Pour revenir à une représentation plus spatiale, si je prends une direction dans ce labyrinthe, c'est que je crois savoir où je vais aller. Il y a déjà une croyance ou une certitude qui préexiste à la direction que je vais prendre, donc il y a une sorte de fil que j'ai envie de suivre comme ça.

AG : Alors pourquoi parler de labyrinthe si effectivement quand tu te déplaces mentalement tu optes pour des directions que tu reconnais comme celles que tu choisis ou que tu veux suivre ? Qu'est-ce qui te permet de dire qu'à ce moment-là tu es dans un labyrinthe si effectivement tu suis les directions que tu souhaites suivre ?

JMB : Parce que je sais que fatalement, un jour, je ferais l'expérience d'une pensée qui fait…, je rencontrerai une impasse.

AG : Qui fait obstacle.

JMB : Oui, il y aura forcément quelque chose, autrui va forcément me dire…

AG : Autrui ou toi-même ?

JMB : Ou moi ou autrui, oui, une idée qui me donnera

toutes les raisons de penser que je me suis peut-être trompé, qu'il faut voir les choses autrement plutôt que de continuer à suivre mon fil.

AG : J'entends ce que tu dis. De mon côté je cherche des objections pour bien en prendre la mesure. Quelqu'un qui a la foi…

JMB : Oui.

AG : …, quelqu'un qui se dirige mentalement en utilisant un texte sacré dans lequel il va puiser les réponses aux questions qu'il peut se poser et qui va diriger son existence, qui va lui dire comment vivre, selon quels préceptes. Manger tel jour, manger du poisson ou pas manger de poisson, jeûner…

JMB : Remercier Dieu.

AG : Remercier Dieu, prier, comment se comporter avec sa compagne, avec ses proches, etc. Pour celui-ci le texte a réponse à tout, un peu comme les Témoins de Jéhovah, je ne sais pas si tu as déjà rencontré des Témoins de Jéhovah ?

JMB : Non.

AG : Eh bien, les Témoins de Jéhovah, quand tu leur poses une question – en tout cas, je te fais part, là, de ma propre expérience –, ils ont la réponse. Et la réponse, c'est le texte. Alors tu me dis que fatalement l'individu va rencontrer, même s'il est seul avec lui-même, des obstacles au cheminement de sa pensée et que ce sont ces obstacles qui rendent évidente la nature même de labyrinthe de la pensée, le fait que la pensée soit un labyrinthe. Mais comment réagis-tu par rapport à ce que je te dis, quelqu'un qui suivrait un texte sacré, lui, est-ce qu'il va rencontrer des obstacles ? Quelqu'un qui se retire pour le restant de sa vie dans un monastère et qui applique à la lettre le texte ?

JMB : Pourquoi ne rencontrerait-il pas le…

AG : D'obstacles ? Cette impression d'errer dans un labyrinthe.

JMB : Le doute, par exemple. Qu'est-ce qui l'empêcherait de

rencontrer un jour le doute…

AG : Parce qu'il aurait la foi.

JMB : … de sa croyance.

AG : C'est un cas théorique, un cas d'école. Il s'agirait d'un croyant, d'un moine qui aurait vraiment la foi et ne serait jamais troublé par le doute. Même si, peut-être, ce cas de figure ne saurait se rencontrer réellement.

JMB : Je ne crois pas que ça puisse exister.

AG : On avance dans cette idée que tu te fais d'un labyrinthe mental. Il serait dû notamment au fait que l'homme sera toujours confronté à l'incertitude.

JMB : Oui.

AG : Et cet état d'incertitude qu'il rencontrera forcément dans sa vie fait que mentalement il se trouve enfermé dans une structure comparable à celle d'un labyrinthe, c'est ça ?

JMB : Oui

AG : Je te laisse continuer dans la direction que tu choisis de prendre. Si tu n'en as pas, je m'arrangerai pour faire un pas supplémentaire.

JMB : (…)

AG : J'avance. Si la pensée est naturellement, si c'est son état naturel, comme tu le dis, d'être labyrinthique, pourquoi, puisque tu lis, là, justement Whitehead, tu lis beaucoup de penseurs, philosophes, pourquoi s'imprégner d'œuvres qui au contraire ne témoignent pas de cet état, qui nous offrent des routes intellectuelles où les obstacles s'effacent, s'évanouissent, sont dépassés, nous amènent sur un chemin de lumière, une route pavée d'or comme dans le magicien d'Oz ? Pourquoi est-ce qu'on lit ces intellectuels si effectivement notre état naturel est d'être plongé dans un labyrinthe ? On pourrait considérer que c'est de la fiction et n'y accorder aucun intérêt. Ça ne témoigne pas d'une réalité, comme tu l'as dit d'ailleurs. Tu as dit, au départ, le labyrinthe, la représentation qu'on a qui surplombe, ces murs végétaux qu'on voit, ne correspond pas à la réalité. La réalité, elle est psychique et ce psychique est non représentable. Si cet état naturel psychique non représentable est un fait, est une donnée de départ, pourquoi accepte-t-on de suivre des pages et des pages d'auteurs qui nous disent tout le contraire, qui nous emmènent sur un chemin où on ne rencontrera pas d'obstacles jusqu'au mot fin ? Pourquoi ne pas dire à chaque page : « Tu mens, tu mens, tu mens! Où est-il cet obstacle que tu as forcément rencontré et que tu me caches ? » Pourquoi jouer le jeu de cette illusion ?

JMB : Pour l'exercice spirituel.

AG : Quel exercice ?

JMB : Juste le jeu.

AG : C'est extrêmement dévalorisant de se dire qu'on est soi-même dans un état réel de pensée labyrinthique auquel on ne peut échapper et de lire des auteurs qui, eux, tentent de démontrer le contraire. Alors, de deux choses l'une, soit les œuvres intellectuelles, ou conceptuelles, sont des fictions au même titre que n'importe quel roman, soit ce que tu dis, à savoir que c'est l'état naturel de tout homme, n'est pas vrai, dans le sens où toi, ton état psychique, intellectuel, est peut-être labyrinthique, mais où celui dans lequel ces auteurs évoluent ne l'est pas, toutes les directions menant à des endroits connus, sans jamais rencontrer d'obstacles ou d'incertitudes, de murs imprévus.

JMB : Ils n'auraient pas eu besoin de bâtir une œuvre philosophique s'ils n'avaient pas eu de doutes ou d'incertitudes. On ne s'amuserait pas à construire de beaux labyrinthes, enfin, même si on est déjà dedans…

AG : Des structures!

JMB : Oui, des structures labyrinthiques…

AG : Donc tu penses qu'il s'agit de paravents ou d'écrans qui les protègent et qui nous protègent.

JMB : Chacun se donnerait ce type de structures pour avancer dans son labyrinthe.

AG : Donc, cet état naturel de la pensée qui est un état

labyrinthique, l'homme ne le veut pas. Il ne l'assume pas.
JMB : Non.
AG : Et toi, tu l'assumes ou pas ?
JMB : Je m'y exerce.
AG : Tu t'exerces à l'assumer ou à ne pas l'assumer ?
JMB : À l'assumer.
AG : En lisant des auteurs qui eux ne l'assument pas.
JMB : (*Rire.*) C'est le paradoxe. C'est une tragédie peut-être,
mais… oui je vois ça un peu comme une tragédie.
AG : En tout cas, tout ça me donne une furieuse envie de
fumer. Mais comme on ne peut pas fumer, je ne vais pas
fumer. Je vais me resservir un peu de thé. Le fait d'enregistrer
comme ça, c'est plus astreignant, c'est plus fatigant au niveau
de la pensée.
JMB : C'est vrai ?
AG : Pour moi, oui. C'est moins léger, ça enlève de la
légèreté à l'échange ces appareils, mais ce n'est pas grave, c'est
très bien comme ça. Donc, ce labyrinthe, ton labyrinthe, que
tu t'exerces à accepter, est celui de ta pensée, et celui aussi de
ces auteurs – c'est le postulat, une hypothèse, parce qu'ils ne
sont pas là pour qu'on puisse vérifier–, ils le partagent mais
ils en cachent les obstacles.
JMB : Les échafaudages, oui.
AG : Et on apprécie peut-être leurs œuvres parce qu'elles
nous rassurent de manière illusoire sur la possibilité de ne pas
être dans un labyrinthe, sur l'existence de cette possibilité.
JMB : Certains auteurs ont plutôt écrit dans ce sens.
AG : Qui, par exemple ?
JMB : Je vais peut-être dire une bêtise mais Montaigne, c'est
plus de la philosophie en train de se faire que de la
philosophie…
AG : Aboutie ?
JMB : Oui, organisée, systémique.
AG : Une philosophie erratique, c'est ça ?
JMB : Bon, il y a des principes, de grands principes

épicuriens ou des choses comme ça, mais je pense que chez Montaigne, philosophie et littérature se touchent.

AG : Que veux-tu dire ? Que fiction et philosophie se touchent ?

JMB : Dans les belles-lettres en fait, pas le langage philosophique austère…

AG : Conceptuel ?

JMB : …, à la Kant, (*Rire.*)…

AG : Pas le langage du concept.

JMB : …, qu'on n'a pas envie de lire. Oui, exactement.

AG : Un langage par trop technique, froid, sans métaphore.

JMB : Un langage plus proche de la poésie, plus proche…

AG : Des sentiments.

JMB : Oui.

AG : Montaigne.

JMB : Oui, totalement.

AG : Et c'est parce qu'il est plus proche des sentiments qu'il ose, selon toi, accepter l'erreur ou l'obstacle ? J'avance! Tu voudrais dire que ces obstacles qu'on rencontre dans un cheminement intellectuel sont dus à l'intrusion des sentiments ? Je voudrais également te demander autre chose : est-ce que dans un monde logique pur, il n'y aurait plus de labyrinthe ? Est-ce que la pensée cesserait d'être un labyrinthe dans un monde purement rationnel ? Pourquoi est-ce que je te demande ça ? Parce que quand j'observe la rationalité à l'œuvre au dehors, même si toi tu ne veux pas d'images, quand j'observe les immeubles, quand j'observe de grandes structures, des supermarchés, des villes, des maisons, des appartements, etc., gouvernés par la rationalité, je remarque quand même des labyrinthes. Pour dire les choses bêtement – et je suis content de pouvoir le replacer –, le magasin Ikea le plus proche de chez moi est conçu comme un labyrinthe. C'est-à-dire que tu entres par un endroit et que tu vas être obligé de faire tout le tour par mille galeries pour sortir, mais tu ne peux pas atteindre la sortie, tu ne sais pas comment faire, si tu n'as pas de plan ou si l'on ne t'explique pas. Tu vas t'égarer plusieurs fois, devoir demander ton chemin à quelqu'un qui connaît et donc qui ne se trouve plus lui-même dans le labyrinthe puisqu'il a le plan. Être dans le labyrinthe, c'est ne pas avoir de plan. Pourtant, Ikea a été rationnellement conçu et construit. Même dans un film de science-fiction, si on imagine un film de science-fiction gouverné par la rationalité, *Le Meilleur des mondes* d'Huxley disons ou d'autres, ce qui me vient à l'esprit, ce qui est aussi le cas dans *Utopia* de Thomas More, etc., on voit des structures géométriques mais qui sont également, en tout cas c'est l'idée que je m'en fais, d'ordre labyrinthique. Même la raison construit des labyrinthes. Aussi n'ai-je pas l'impression que dans un monde sans sentiments, dans un monde non littéraire ou poétique, le labyrinthe disparaîtrait pour autant.

JMB : Ce n'est pas ce que je pense non plus. C'était plutôt dans un…, comment veux-je dire ?…

AG : Retrouve la dernière marche ou endroit solide.

JMB : C'est moins présenté comme une vérité que comme ce qui advient fatalement quand on discourt sur la nature de la pensée. Montaigne, à un moment donné, va peut-être s'apercevoir d'un mur, d'un obstacle intellectuel à sa pensée et il le considérera comme tel. Il fera peut-être un demi-tour, une jolie contradiction ou je ne sais quelle autre figure pour s'en échapper, mais ça arrivera. Alors que dans les discours plus conceptuels, plus construits, ça se donne des airs de vérité…

AG : Le littéraire, c'est comme ça que tu le vois chez Montaigne, accepte de reconnaître l'obstacle comme quelque chose allant de soi et tu le distinguerais d'un ouvrage plus conceptuel qui refuse l'idée même de l'obstacle. Tu dirais que les ouvrages plus conceptuels ont tendance à refuser d'assumer l'obstacle.

JMB : Oui, c'est ça.

AG : N'est-ce pas là une définition intéressante, dans le

labyrinthe dans lequel on se trouve ? L'ouvrage conceptuel se distinguerait d'un ouvrage plus littéraire en ce qu'il nous propose une fiction, l'illusion d'un univers dans lequel les obstacles seraient absents. Et c'est ce qui ferait la force de l'intellectuel, de produire l'illusion que son esprit ne rencontre pas d'obstacles. Illusion que produit d'ailleurs tout « performateur », tout intellectuel ou concepteur qui propose une pensée rationnelle, l'illusion qu'il n'y a pas d'obstacles. C'est fascinant mais illusoire.

JMB : Exactement. L'écriture de Montaigne, je prends ça comme une vraie pratique philosophique. On y trouve vraiment une introspection de l'âme.

AG : Et quel intérêt d'écrire, pour revenir à notre question et laisser un peu ce cher, comment, Michel, c'est ça ?

JMB : Oui. (*Rire.*) Michel *de*.

AG : Pour le laisser un peu de côté, quel intérêt aurait-on, parce que cela doit être une souffrance, le labyrinthe ; le labyrinthe est présenté au départ, dans la mythologie, comme un piège. Je n'ai jamais lu aucun texte disant : « Je suis heureux d'être dans un labyrinthe…

JMB : C'est bien dommage.

AG : …, je suis heureux d'être perdu. » Peut-on concevoir qu'on soit dans un labyrinthe qui est celui de la pensée sans être perdu ? Ou même, pire que ça, sans se sentir perdu ?

JMB : J'ai l'image d'Épiméthée qui me vient.

AG : Développe parce que moi l'image d'Épiméthée ne me vient pas là.

JMB : (*Rire.*)

AG : Je sais que c'est une collection philosophique, je crois chez PUF, d'ailleurs.

JMB : Chez PUF, exactement.

AG : Après je sais que, mythologiquement, ça représente quelque chose mais …

JMB : Non, je serais trop léger.

AG : … le mythe d'Épiméthée, mais vas-y légèrement, je

pourrais vérifier après, ce n'est pas grave.

JMB : Non, ça va être une catastrophe.

AG : Et quelle image t'est venue ? puisque tu disais qu'il n'y a pas d'image. Là, j'en ai une, alors je m'y accroche. Quelle image t'est venue ? Tu dis qu'une image t'est venue, quelle image t'est venue ?

JMB : Une sorte de recommencement dans la volonté d'aboutir à un système désignant la seule vérité qui soit et, en même temps, cette tragédie qu'il y a à ne pas pouvoir la trouver. J'ai l'impression qu'on se fait manger le foie à chaque fois[1].

AG : Et l'image qui te vient, c'est celle-là : se faire manger le foie ? Non, parce que je pensais aussi, dans l'histoire des mythes, au combat absurde, à la tragédie de Sisyphe qui reconduit, sans cesse reconduit, puni par les Dieux, qui doit sans cesse recommencer une tâche qui n'aboutira jamais.

JMB : C'est ça, c'est exactement ça.

AG : Et ce serait ça, le labyrinthe ? Un homme condamné à penser pour structurer une direction, conduire rationnellement une pensée, avec l'évidence qu'il rencontrera, à un moment ou à un autre, un obstacle ?

JMB : Et qu'il n'y aura pas de sortie. Pas de son vivant en tous les cas.

AG : Ça serait quoi une sortie de ce labyrinthe ?

JMB : Une sortie de ce labyrinthe ?…

AG : Il y a un très beau passage dans *La naissance de la tragédie* de Nietzsche avec laquelle je travaille un peu en ce moment : une question, « Qu'est-ce que le bonheur ? », est posée à un des disciples ou suppôt de Dionysos, et celui-ci répond que ça serait de ne rien être, de n'être rien. La malédiction de l'homme c'est d'être quelque chose, et le seul bonheur auquel il puisse prétendre c'est de se dire qu'un jour il va disparaître. Ce serait ça la sortie du labyrinthe. Être,

---

[1] Il s'agit en fait de Prométhée.

c'est être dans le labyrinthe.

JMB : Pour moi, ce serait l'arrêt de philosopher.

AG : Ah oui, mais alors attends, là, je te reprends, parce que tu m'as dit que tu avais toujours été dans le labyrinthe, un peu comme Épicure, puisque qu'on y va avec les références, quand il dit qu'il n'est jamais trop tôt pour philosopher. Tu m'as dit que tu avais été plongé dans le labyrinthe dès lors que tu avais commencé à penser, et là, il semblerait que tu insinues qu'il y a eu un commencement. Y a-t-il eu un moment où tu ne philosophais pas, autant que tu t'en souviennes ? Parce que s'il y a un moment où tu reconnais que tu n'étais pas dans ce questionnement, là on va avoir…

JMB : Un problème.

AG : … un problème par rapport à ce que tu as avancé tout à l'heure. C'est-à-dire que là on va rencontrer un obstacle.

JMB : Je ne dirais pas ça.

AG : Tu ne dirais pas ça. Tu peux le dire pour voir où ça nous mène, et tu peux choisir de ne pas le dire parce que tu ne souhaites pas prendre cette direction.

JMB : Je dirais que depuis que je parle, je n'ai jamais cessé de philosopher, et qu'un état vraiment reposant, une sortie du labyrinthe, serait de ne plus…

AG : Donc, tu admets que l'état du labyrinthe est un état fatigant ?

JMB : Ah oui!

AG : Mais, pourtant, tu as dis que tu t'exerçais à y être. Pourquoi, parce que tu n'as pas le choix ?

JMB : On n'a pas le choix, oui! Il n'y a pas de sortie du labyrinthe. Il faut s'accoutumer à vivre dedans le mieux possible.

AG : Et comment s'y prend-t-on pour vivre au mieux dans ce labyrinthe intellectuel qu'est la pensée ? Puisque c'est celui que tu décris, ou, en tout cas, que tu nommes. Quelle solution as-tu trouvée, même si tu ne te revendiques pas comme maître en la matière – je ne sais même pas si l'on peut accepter l'idée d'un maître en la matière –, mais quelle est aujourd'hui, à ton aune, la meilleure solution pour bien vivre dans cet état ?

JMB : Continuer à penser, continuer à philosopher, ne pas chercher…

AG : Tu vois, on est effectivement dans le tragique. Parce que tu dis « continuer », mais c'est perdu d'avance. Ça veut dire que tu vas continuer à t'orienter intellectuellement en sachant que toutes les directions que tu vas prendre te mèneront en définitive à un obstacle et que tu devras revoir et changer ta direction. On est dans la malédiction!

JMB : Je crois que c'est ça.

AG : Donc, le labyrinthe, correspond bien à son image mythologique, celle d'un piège.

JMB : Dans ce cas, oui.

AG : Et pourquoi l'homme a-t-il à supporter ça ? Pourquoi toi, as-tu à supporter ça ?

JMB : Grande question.

AG : Passons alors à une plus petite question. Je vais peut-être te sembler un peu misogyne, quoiqu'on ne soit pas obligé de limiter ça aux femmes, quand on considère une jeune femme qui passe le plus clair de sa journée à se pomponner, dont le seul souci est de plaire…

JMB : Et qui devra recommencer le lendemain.

AG : Et qui devra recommencer le lendemain. Est-ce que tu penses qu'elle se trouve intellectuellement dans un labyrinthe ? Est-ce que tu ne peux pas imaginer, même si effectivement c'est très misogyne, alors je vais peut-être l'étendre aussi aux hommes, quelqu'un qui serait un simple exécutant, qui aurait un travail ne lui demandant aucune réflexion, est-ce que tu ne penses pas que cet individu serait libéré de ça ? Peux-tu envisager la possibilité qu'il y ait des hommes qui ne pensent pas, qui ne réfléchissent pas ? Est-ce que, par exemple, tu as rencontré, du temps où tu travaillais à *La Maison du Whisky*, des individus qui ont réponse à tout, qui acceptent les réponses toutes faites qu'on leur a communiquées, qui ne se posent pas de questions, tu n'en as jamais rencontré des individus de ce type ? Tu réponds que non, que c'est un leurre, qu'en leur for intérieur ils errent dans leur labyrinthe.

JMB : Si l'on prend un religieux ou un croyant avec la foi la plus absolue qui soit, je me dis que peut-être lui ne pense déjà plus, qu'il ne pense plus par lui-même en tous les cas. Il a tellement peur de douter.

AG : Ce qui est très intéressant, c'est qu'on ne peut pas se déplacer. Notre regard est troublé, en fait, par notre propre vision des choses. On ne peut absolument pas connaître l'état d'esprit de ce type d'individus, à supposer même qu'il existe. Nous serions certainement très surpris de découvrir que certains individus considèrent qu'ils n'ont jamais rencontré d'obstacle.

JMB : Je serais très surpris mais il y a une part de moi qui a envie d'y croire aussi.

AG : Cette façon de voir les choses qui est aussi conditionnée par notre milieu, notre naissance, notre état, notre société, notre histoire, proche et lointaine, etc. Il y a des hommes et des femmes qui n'errent pas dans le labyrinthe, il y a des gens qui conduisent leur vie selon des préceptes qui leur ont été inculqués dès l'enfance et qu'ils suivent sans coup férir jusqu'à la fin de leurs jours, en remplissant des obligations et en s'y tenant, sans se poser la moindre question. Peut-être que ces êtres merveilleux n'existent pas, que ce n'est qu'une fiction que nous produisons, mais nous ne le saurons jamais, parce que, même si d'aventure nous rencontrions ce genre de personnes, nous irions chercher, parce que fondamentalement nous n'y croyons pas, des limites et des obstacles.

JMB : Ou peut-être qu'en bon philosophe, j'accepterais le fait que ça existe et que je dois vivre, là, encore une fois, à l'intérieur de ce labyrinthe.

AG : Là, on est paumé! Dans ton labyrinthe, dans mon labyrinthe, dans notre labyrinthe.

JMB : Ça n'existe pas!

AG : Ce n'est pas que ça n'existe pas, c'est qu'on ne peut pas savoir si l'état dont on parle, autrui le partage forcément, ou non. Ce que tu affirmais au départ comme étant un état général, et j'ai tendance à croire la même chose pour être honnête, j'ai tendance à croire que malgré tous les préceptes, malgré toutes les œuvres philosophiques sur lesquelles on pourrait s'appuyer, tout individu, un peu à la manière de Montaigne, va rencontrer en son for intérieur des obstacles, des directions qu'il ne pourra continuer à suivre. Soit il l'admet et le reconnaît, soit il ment ou se ment à lui-même.

JMB : Oui, j'ai tendance à penser ça. Plus on avance dans la discussion, plus j'ai tendance à penser que ce n'est pas possible. Que si on lui demandait de faire cet exercice, un peu à la manière de Montaigne, d'introspection de l'âme, de son âme, au bout de quelques minutes, il rencontrerait déjà des difficultés.

AG : Donc, tu dis que tout travail de réflexion mène à un labyrinthe, à rencontrer des obstacles intellectuels, et qu'un individu qui ne réfléchit pas, ou qui fait l'effort de ne pas réfléchir en se barricadant derrière tout un assemblage d'idées toutes faites, peut en avoir l'illusion mais se trouve quand même dans un labyrinthe.

JMB : Oui. De toute façon, il sera pris dans le langage. (*Rire.*) J'ai encore de l'eau, moi.

AG : Peut-on essayer de mieux le connaître ce labyrinthe, puisque c'est notre état ? Peut-on le décrire, essayer de le préciser ? Y a-t-il des moments de repos, s'y déplace-t-on aisément ?

JMB : Est-ce qu'il y a des moments de repos ?

AG : Parce que l'exercice, pour le rappeler, consiste à ça, à décrire cette vision que tu veux donner du labyrinthe.

JMB : Oui.

AG : On a vu que ce labyrinthe, tu l'associais à la réflexion, au travail ou au cheminement de la pensée qui, pour autant qu'elle soit authentique, honnête, va l'amener à se rediriger, et que cette quête philosophique, quelque part, est tragique, puisque toutes les directions qu'on va ouvrir, en pensant sortir du questionnement, vont amener à un nouvel obstacle qui obligera à recommencer. « Sans cesse sur le métier tu remettras ton ouvrage », comme dirait Boileau[1]. Maintenant, est-ce qu'on peut essayer de travailler, d'approfondir un peu cet état ? Y a-t-il des moments, dans la journée, où tu en sors ? Parce que tu ne réfléchis pas tout le temps quand même ?

JMB : Oui, il y a peut-être des moments où j'en sors, effectivement.

AG : Pour essayer d'avancer et mieux comprendre, par exemple, si je renverse malencontreusement la tasse, brulante…

JMB : On sort du labyrinthe.

AG : Tu es sorti du questionnement. Quand je parle de l'accident, justement, si un accident se produit, celui-ci va te faire sortir. Ce qui est intéressant avec le labyrinthe, c'est que pour que celui-ci existe, il faut qu'il y ait obstacle, mais il faut aussi qu'il y ait une intention directionnelle. Il faut aussi que des chemins ou des galeries soient construites, soient creusées. On est d'accord ?

JMB : Je n'en suis pas certain.

AG : Ah, eh bien là, tu m'intéresses!

JMB : (*Rire.*)

AG : Peut-il y avoir un état labyrinthique si des directions n'ont pas été construites, bâties, orientées ? Peux-tu imaginer un labyrinthe sans murs, sans murs végétaux ? Peux-tu imaginer, pour se placer dans une représentation spatiale, un labyrinthe dans un champ désert et plat, où il n'y aurait

---

[1] La citation exacte est : « Vingt fois sur le métier remettez votre ouvrage ».

rien ? Peux-tu imaginer un labyrinthe sur une étendue plane, dans un espace vide ?

JMB : Oui.

AG : Comment cela serait-il possible ? Parce que cela nous permettrait peut-être de localiser quelque chose d'intéressant, à savoir l'origine du labyrinthe, d'où il vient.

JMB : Cette étendue plane, ce désert, cette plaine…

AG : Cette plaine, oui.

JMB : Elle est à parcourir, elle est à traverser.

AG : Ah, mais là encore, tu détermines une direction. Et c'est comme ça que tu vas construire ton labyrinthe, en orientant ton déplacement. Je te répondrai que non, cette plaine, elle peut être simplement à contempler. Pourquoi faudrait-il forcément l'arpenter ?

JMB : Ça reste un labyrinthe, cette plaine.

AG : Pourquoi ?

JMB : Tu m'as demandé d'essayer d'imaginer un labyrinthe qui se déploierait sur une étendue plane, etc.

AG : Oui. En quoi ressemble-t-elle à un labyrinthe ? Alors, je vais essayer de te répondre en fonction de ce que tu m'as dit, par la multiplicité des directions que potentiellement tu pourrais prendre. Tu me dis que sur cette plaine, il va bien falloir choisir, il va bien falloir que toi tu bouges – c'est ça ? – au bout d'un moment. Et qu'en bougeant, tu vas forcément rencontrer, à un moment donné, de quelque nature qu'il soit, physique ou mental, un obstacle.

JMB : Oui.

AG : Même s'il s'agit d'une plaine, tu vas rencontrer un obstacle qui va être, par exemple, la fatigue, ou la faim, ou le doute…

JMB : (…)

AG : Revenons sur cette idée. Alors, apparemment, je t'ai perturbé en ne t'emmenant pas dans une direction que tu voulais suivre…

JMB : J'aimais bien l'idée du labyrinthe tout plat, mais…

AG : Pour la reprendre, tu dis que même sur une surface plane, il y a labyrinthe. Pourquoi ? Tu réponds : parce qu'il va immanquablement falloir choisir des directions. Ça, c'est toi qui me l'a dit, non ?

JMB : Parce qu'il y a une représentation qui va se faire dessus, un mouvement de pensée, et ce mouvement-là…

AG : Là, par exemple, on est véritablement dans un labyrinthe. C'est-à-dire que dans cet exercice, on progresse intellectuellement ou, en tout cas, sans même dire qu'on progresse, on se déplace et je ne sais absolument pas où nous allons. Mais nous rencontrons souvent, on le voit, des obstacles, c'est-à-dire des moments où la pensée n'arrive pas à se poursuivre, et c'est fatigant.

JMB : Non, j'aime bien moi.

AG : Moi, ça me fatigue un peu.

JMB : Tu joues à ça tout le temps.

AG : C'est parce que tu es plus jeune que moi, c'est pour ça.

JMB : Tu joues à ça depuis plus longtemps que moi.

AG : C'est peut-être pour ça, j'y joue depuis trop longtemps.

JMB : C'est vrai.

AG : Ce n'est pas pas grave, c'est juste que je manque un peu d'enthousiasme. Mais cela n'empêche pas que l'exercice, même s'il est éprouvant pour moi, m'intéresse. Où en étions-nous ? Tu disais que cette plaine, que tu aimais bien cette représentation. Tu disais quoi ? parce que je t'ai coupé.

JMB : J'aime bien les mouvements qui vont se faire dessus, le tracé.

AG : Voilà, comme tu le dis, le labyrinthe, ce n'est pas le fait, ce n'est pas l'état, c'est ce que l'homme va lui superposer.

JMB : Exactement. C'est l'expérience qu'il va faire dessus

AG : L'expérience que l'homme va faire d'un milieu ou d'un être quel qu'il soit, il va forcément la structurer de manière labyrinthique, c'est ça ?

JMB : Oui.

AG : Même si on lui donne un espace plat, vide, une plaine

désertique, il va se le représenter et, dans la représentation qu'il va s'en faire, ça va le mener à une représentation labyrinthique. Pourquoi ? Alors, tu vas me dire que c'est comme ça.

JMB : Non, je ne sais pas.

AG : J'ai envie de te demander pourquoi. On a une plaine : pourquoi l'homme ne se représente-t-il pas tout simplement une plaine ? Un fait simple dont il n'y aurait rien à dire ?

JMB : Il y a toujours quelque chose à dire.

AG : Pourquoi ?

JMB : Il y voit la couleur, il y voit les limites, non, il y a toujours quelque chose à dire. Il y voit forcément une limite à cette plaine. Il ne la voit pas infinie.

AG : Pour synthétiser, tu considères que le rapport de l'homme à l'être n'est jamais simple.

JMB : Dépasse l'être.

AG : Dépasse l'être ? Mais est-ce que tu acceptes déjà cette idée qu'il n'est jamais simple ?

JMB : Oui.

AG : C'est-à-dire qu'en tant qu'être qui réfléchit, l'homme ne peut pas avoir un rapport simple, évident à l'être. Cela ne lui est pas possible. C'est intéressant parce que c'est peut-être justement ce qui permet à l'homme de dépasser l'être, le donné.

JMB : Le dépasser dans quel sens ?

AG : Dans celui de le transformer.

JMB : Ah, oui.

AG : Mais c'est aussi ce qui l'empêche de jamais sortir du labyrinthe. Le labyrinthe va lui permettre de modeler, dans une multitude de directions, le donné. Seulement, là où c'est problématique, c'est qu'il ne pourra jamais réussir à reproduire la simplicité originelle.

JMB : Exactement, comme le peintre.

AG : Alors que c'est ce qu'il voudrait. Si l'homme génère intellectuellement un labyrinthe, c'est peut-être, si tu l'acceptes, dans l'espoir de trouver une sortie.

JMB : Ah, c'est totalement dans cet espoir-là!

AG : Sauf qu'il ne la trouvera jamais.

JMB : Espoir vain, mais espoir quand même.

AG : Il y a le monde, simple, et il y a le labyrinthe produit par l'homme qui voudrait trouver une sortie qui lui permette, à travers tous les méandres de son esprit, de retrouver cette simplicité originelle, mais transformée par son propre regard, et il ne peut pas.

JMB : Oui.

AG : C'est-à-dire que le regard de l'homme ne transformera jamais suffisamment la réalité pour pouvoir produire une représentation simple du monde dans lequel il vit. Et ça, c'est une maladie.

JMB : Une tragédie.

AG : Ou une tragédie. Et on est dedans.

JMB : Une tragédie mais, en même temps, si on continue un tout petit peu à explorer un autre vocable…

AG : Ah, eh bien tu me fais plaisir, là.

JMB : …, un autre mot : le caractère créatif. Il y a une sorte d'avancée comme ça de l'univers, une dynamique.

AG : En effet, le labyrinthe est dynamique.

JMB : Un mouvement créatif perpétuel.

AG : Parce que, pour qu'il y ait labyrinthe, il faut qu'il y ait déplacement.

JMB : Mouvement, oui.

AG : Voilà, il faut qu'il y ait mouvement. Donc, c'est bien une structure dynamique. J'ai encore une petite question pour finir, parce que je me rends compte qu'on approche de la fin de cette séance : est-ce que les obstacles sont générés par l'homme ou par un dehors ? Ce que je veux dire, c'est : est-ce que, par exemple, toi, dans ton labyrinthe, tu génères tes propres obstacles et il y aurait, dans ce cas, un côté sadomasochiste à le faire, ou est-ce que ces obstacles, tu les rencontres de manière contrainte et forcée ? Je vais prendre un autre exemple : chez Descartes, le doute est l'obstacle qui va lui permettre d'ouvrir son propre cheminement. Sans le doute, il n'y a pas de Descartes. Le doute est ce qui a permis à Descartes de devenir ce qu'il est. Est-ce que tout individu génère ses propres obstacles pour être ? Ou est-ce que ces obstacles lui viennent du dehors et, si on le laissait en paix, cesserait-il d'en rencontrer ?

JMB : Alors, pour expliquer Descartes… (*Rire.*)…

AG : Je ne suis pas sûr que j'ai envie que tu expliques Descartes, mais vas-y quand même. J'ai l'impression que tu dévies, que tu te défausses un peu en faisant ce choix.

JMB : Quelle prétention de ma part! Mais pour rester sur Descartes, j'ai envie de dire que ce serait une sorte de…, pour moi, c'est le doute qui a construit Descartes mais ce n'est pas Descartes qui a construit le doute pour faire autre chose après.

AG : Selon toi, c'est le doute qui a activé Descartes.

JMB : Activé, actualisé.

AG : Oui, actualisé. Le terme est meilleur.

JMB : Et le doute proviendrait d'une sorte de monde suprasensible comme chez Platon, un monde d'idées.

AG : Le monde intelligible.

JMB : Oui, il y aurait quelque chose de la sorte.

AG : Donc provenant d'une réalité extérieure, c'est ça ?

JMB : Oui, d'un monde qui serait à l'état de potentialité en chacun d'entre nous et que le doute, ce serait actualiser…

AG : Un peu comme un virus, ou pas ?

JMB : Oui, j'aime bien cette idée. Quoique je ne vois pas forcément ça comme quelque chose de négatif.

AG : Alors plutôt comme un spermatozoïde avec un ovule. Ce serait la vie de l'esprit.

JMB : Oui, c'est plutôt ça.

AG : C'est la conception.

JMB : Oui, qui viendrait nous féconder.

AG : L'obstacle viendrait féconder l'esprit.

JMB : L'être, oui.

AG : Mais il viendrait de l'extérieur.

JMB : Oui, ce serait quelque chose d'extérieur.

AG : Donc toi, dans ton labyrinthe – parce que ce qui m'intéresse, c'est ton labyrinthe et pas le labyrinthe envisagé de manière abstraite, puisqu'on est en pratique philosophique, je le rappelle –, allons voir si la théorie se vérifie en pratique : quels sont les obstacles qui ont fécondé ta réflexion, qui l'ont mise en activité ? Pourrais-tu en citer un ?

JMB : Quels sont les obstacles qui ont fécondé ma réflexion ?…

AG : Eh bien, oui. Si tu ne t'exprimes pas seulement de manière théorique, mais qu'effectivement ça se vérifie en pratique, tu dois pouvoir me nommer des activateurs. Sinon, on parle de manière abstraite et dans le vide. Si tu me dis que le labyrinthe a été actualisé par une idée qui vient faire obstacle à un état d'esprit, et qu'elle le met en marche, en fonctionnement, c'est bien beau mais tu dois l'avoir vécu.

JMB : Je le vis tous les jours. Je le vis même maintenant. L'être le plus simple de ce bol…, disons que Descartes, c'est le bol, sa forme…

AG : Le pauvre, il en prend plein dans la figure.

JMB : …, et le blanc c'est ce que j'intègre à ce bol-là. Il y a le fait, le bol, et la forme, le blanc.

AG : Il est drôle que tu associes, et ça fait plusieurs fois – et je t'ai déjà dit que dès lors que quelque chose se répète, je commence à m'interroger –, cela fait deux fois que je t'entends associer l'idée de forme de manière inhabituelle. Tu me dis : « Le bol, la forme du bol ». Pourquoi me dis-tu que le blanc est la forme et que le fait est le bol ? Le blanc, c'est la couleur, mais ce n'est pas la forme. Pourquoi associes-tu la forme au blanc ? J'ai du mal à te suivre. Ce que je veux dire, c'est que si je dessine un bol, je ne vais pas dessiner sa couleur.

JMB : C'est ce qui le rend singulier. Il n'est pas rouge, ni vert… C'est tout ce que mon esprit n'a pas perçu dans ce bol-là, en fait.

AG : Et c'est le blanc qu'il n'a pas perçu ?

JMB : Non, il a perçu tout le reste mais c'est par élimination, enfin… je ne sais pas. On peut définir l'être par tout ce qu'il n'est pas. Dans mon esprit, c'est le blanc qui fait de ce bol, ce qu'il est.

AG : Son essence, donc. Tu dirais que l'essence de ce bol, c'est le blanc.

JMB : Pas son essence.

AG : Je te rappelle qu'essence vient d'*esse*, qui signifie être en latin, ce qu'il est. Ou préfères-tu peut-être la singularité ?

JMB : Plutôt, oui. Il n'est ni vert, ni rouge, ni bleu. Il est blanc. Tu me diras que, maintenant, en disant qu'il est blanc, j'ai d'autres problèmes philosophiques qui jaillissent.

AG : Quel genre de problèmes philosophiques ?

JMB : Concernant l'être, etc.

AG : Donc, sa forme de bol ne suffit pas à le définir dans sa singularité ?

JMB : Tu m'as demandé de décrire ce mouvement lorsque j'intègre une idée qui me change et qui m'actualise, voilà!

AG : Et tu me dis que quoi ? Que cette idée qui t'a changé, que cet obstacle c'était de te rendre compte que ce bol est blanc ?

JMB : Je dis que pour que ce bol s'actualise dans mon esprit, il m'a fallu une idée, ce qu'on est en train d'appeler obstacle, mais…

AG : Dirais-tu que la blancheur de ce bol est ce qui t'étonnes le plus ?

JMB : Non.

AG : Mais, bon Dieu! qu'est-ce que la blancheur de ce bol peut bien avoir de particulier ? Ce qui se passe en ce moment est vraiment très intéressant parce nous sommes véritablement dans un monde dans lequel je suis perdu. Et je pourrais faire ce que ferait Whitehead ou un autre faiseur de concepts, un autre intellectuel, je pourrais dévier pour détourner l'attention sur une avenue bien droite, mais ce n'est pas ce que j'ai envie de faire. J'ai plutôt envie de faire comme ce que tu disais pour Montaigne, de reconnaître que là, je suis perdu. Pourquoi le blanc du bol ? Et je me doute bien que je t'embête.

JMB : Non, vous ne m'embêtez pas.

AG : Pourquoi as-tu fait jaillir le blanc du bol comme un obstacle permettant à la réflexion d'avancer ?

JMB : Je voulais illustrer le doute de Descartes. Comment le doute chez Descartes a pu le faire continuer à avancer dans sa philosophie.

AG : Surtout même à la commencer, puisqu'il n'avait pas commencé avant le doute.

JMB : À comprendre qu'il racontait des bêtises plus grosses que lui auparavant. (*Rire.*)

AG : On va s'arrêter là. J'appuie sur stop.

Séance 2 : la boîte de nuit

AG : Alors, paf! paf! ça marche. Déjà, je vais te demander, toi, ton retour. On va commencer avec ton retour, par rapport à la dernière fois.

JMB : Eh bien moi, c'est toujours le problème de l'expression et d'aller jusqu'au bout de mes idées, ou la fierté de mes expressions. C'est toujours ça qui me semble être le plus…

AG : Pourquoi, qu'est-ce que tu as remarqué ?

JMB : Que mes phrases sont très courtes. Ce ne sont pas des phrases, il y a deux mots.

AG : En même temps, me concernant, ce que j'ai remarqué en tapant, en retranscrivant l'entretien, c'est que je te coupe sans arrêt.

JMB : Oh non! Est-ce que tu me coupes ? Non, je ne pense pas. Je pense que tu retraduis toujours très bien ma pensée, comme on a l'habitude de le faire.

AG : Oui, mais voilà, comme je fais là, c'est-à-dire que j'ai l'impression de la saisir et je ne te laisse pas terminer ta phrase. Je me suis fait un peu figure, tu vois, un peu comme un chien fou ou un jeune chien…

JMB : (*Rire.*)

AG : Je suis tellement pressé…

JMB : … d'attraper la balle.

AG : D'attraper la balle, ou de voir cette représentation naître, éclore, que je te devance dans tes réponses et que je ne te laisse pas le temps d'aller au bout. Parce que pour dire que je ne te coupe pas, il faudrait s'assurer que je t'ai bien laissé le temps de finir. Que tu me dises à un moment : « Voilà, je n'ai plus rien à dire. » Mais ce n'est pas ce que je fais, je te coupe avant.

JMB : Oui.

AG : Moi, je te connais. Tu vois ce que je fais, bon. Et j'ai confiance en la façon dont tu réfléchis, dont tu penses. J'ai plus que confiance même, j'ai du respect pour cette façon de penser. Et là, dans l'exercice, je ne te laisse pas aller au bout. Ce que je pense, c'est que tu penses moins rapidement que moi. Je ne dis pas que c'est une qualité ou un défaut, hein…

JMB : Oui, bien sûr, je comprends très bien.

AG : Mais je me suis dit : « Voilà, Jean-Mickaël, il a son mode de pensée que tu respectes, laisse-lui le temps de le développer à son rythme. » C'est ce que je me suis dit par rapport à la dernière fois.

JMB : D'accord.

AG : Donc là, aujourd'hui, pour le second entretien, je me suis dit : « Je vais le laisser développer. Et quand effectivement je lui aurai laissé un temps suffisant, et s'il ne veut pas terminer sa phrase…

JMB : Ou qu'il ne peut pas la terminer.

AG : Ou s'il ne peut pas la terminer, mais – je ne vais pas employer « rebondir » parce que je ne supporte pas ce terme – ne pas le, voilà, reprendre systématiquement la parole…

JMB : Et la traduire immédiatement.

AG : Et la traduire immédiatement.

JMB : Oui.

AG : Première chose. La deuxième chose, je me suis dit : « Voilà, bon, Jean-Mickaël, il nous donne une représentation non représentable. » C'est-à-dire, tu me dis : « Le labyrinthe, on ne peut pas…

JMB : … le représenter.

AG : Donc, ça coupe court à l'idée que je me faisais de l'exercice et aux attentes que j'avais vis-à-vis de celui-ci. Parce que, de mon côté, j'étais avide d'une représentation concrète du labyrinthe.

JMB : On peut le faire.

AG : Tu m'en as donné une, que tu as évacuée. Tu as dit : « J'ai un labyrinthe, une structure comme ça, végétale, des murs végétaux, un peu comme un jardin *Le Nôtre*. », mais on n'a pas continué dessus, on est parti sur ta vision du labyrinthe. Mais moi, ça m'intéresse, parce que c'est l'exercice tel que je l'ai conçu au départ. Donc, j'aimerais qu'on étudie cette représentation. Même si tu estimes que c'est une représentation qui n'est pas…, qui est une illusion, en fait, une espèce de fiction qui ne rend pas compte de la réalité que tu veux…

JMB : D'accord, tu veux revenir à un labyrinthe avec des murs végétaux.

AG : Celui que tu m'avais donné au départ et je vais te dire pourquoi. Parce que, déjà, c'est la première idée que je me fais de l'exercice, c'est-à-dire qu'à travers la projection de l'image que tu te fais d'un labyrinthe, je pense que cela donne accès à la façon dont tu te représentes le monde, à ton rapport au monde. Et deuxièmement, peut-être pas pour toutes, mais pour de nombreuses personnes avec qui j'ai fait l'exercice, les murs végétaux sont une constante. Moi-même, ma représentation du labyrinthe, si on me demande de la donner, c'est un labyrinthe avec des murs végétaux. Et ça m'intéresse beaucoup. Pourquoi ? Parce que qui dit mur végétal dit nature, nature première on va dire, et qui dit labyrinthe dit structure. Donc, on a les deux mondes, en fait. Le monde superposé de l'homme qui contrôle un environnement qui est un environnement qui le dépasse ou, en tout cas, qui le précède…, tu me suis ou pas ?

JMB : D'accord.

AG : Pourquoi pas un labyrinthe typiquement humain, c'est-à-dire artificiel, complètement artificiel, avec des galeries et des murs, etc. ? Non, je retrouve toujours ces murs végétaux. Comme si on avait un mélange du *monde-déjà-là*, ce que j'appelle le *monde-déjà-là*, c'est-à-dire ce qu'on appelle aussi la nature ; et la structure que vient imposer l'homme à ce monde. Et le souci serait, justement, pour l'homme, d'être dans cette situation, entre la structure qu'il impose et une nature dans laquelle finalement il se perd.

JMB : Oui.

AG : Donc, cette situation – je ne l'ai pas forcément bien traduite, mais voilà –, cette représentation qu'il se fait du monde est celle d'une structure où l'on se perd : le labyrinthe. Peut-être parce qu'effectivement il la conçoit comme élaborée à partir du végétal, donc à partir de la nature.

JMB : D'accord.

AG : Tu vois un peu ?

JMB : Ok, ok, je comprends.

AG : Maintenant, continue sur ton retour. Qu'en as-tu pensé à part ça ? Est-ce que tu as d'autres choses à dire ? Acceptes-tu de jouer le jeu de ce labyrinthe végétal ? Et après, on verra ce qu'on fait, on reviendra au labyrinthe purement mental…

JMB : Abstrait.

AG : Abstrait. Oui, ce que je me suis dit aussi te connaissant, c'est que tu refuses la représentation concrète. Et je me suis demandé : « Est-ce que Jean-Mickaël n'est pas encore en train de faire ce qu'il a l'habitude de faire, c'est-à-dire de produire une élaboration complexe, intellectuellement complexe, pour éviter tout contact avec la réalité, en disant : " Voilà, il y a l'esprit d'un côté, le mental, l'intellect, la philosophie, et, de l'autre, le corps, l'objet, etc., mais je mets une séparation claire entre les deux." » ?

JMB : D'accord.

AG : Je me suis dit qu'il y avait des petites choses à vérifier
là-dessus.

JMB : Euh…, je crois que c'est ça. (*À voix basse.*) Comment
vais-je dire tout ça ?… (*Voix haute.*) J'ai hésité, avant de
venir, entre deux labyrinthes.

AG : Oui ?

JMB : Euh…, le premier est assez mal défini parce que ce
n'est pas ce que je maîtrise, enfin, ce n'est pas ce que je fais
d'habitude. C'est-à-dire que ce serait un labyrinthe qui
justement se refuserait à du concept, se refuserait à de
l'abstrait ou à des choses trop compliquées, qui essaierait
d'utiliser des mots simples pour être compris simplement.

AG : Pas mal, oui.

JMB : Donc, il y aurait moins de questions à reformuler,
enfin, il y aurait moins de reformulations. Et un autre
labyrinthe beaucoup plus abstrait qui aurait concerné le
passé, le donné, le donné de mon langage actuel et sa
rencontre avec un futur qui va le modifier, qui va l'actualiser,
qui va peut-être l'altérer, etc. Voilà. Donc, ça aurait encore
été un labyrinthe très compliqué, ou très complexe, mais, à
ta demande, je n'irai pas sur ce terrain-là. Je vais essayer de
me concentrer sur le premier labyrinthe, qui est pour moi le
plus difficile aussi parce que justement on n'est pas dans une
représentation, on n'est pas en train de créer, quoi, ce n'est
pas de la création, c'est juste parler simplement et s'exprimer.

AG : Le deuxième m'intéresse, le labyrinthe abstrait, le passé,
et le futur qui produirait le labyrinthe sur le passé tel que tu
l'as construit et élaboré intellectuellement, il est dans la
continuité de la séance de la dernière fois.

JMB : Exactement.

AG : Exactement. Donc, on sera amené à le traiter, je dirais,
la prochaine fois.

JMB : C'est toi qui…

AG : Oui, parce qu'il est dans la continuité mais il y a un pas qui a été franchi par rapport à ce qu'on a dit la dernière fois.

JMB : Bien sûr, c'est dans son prolongement.

AG : C'est vraiment dans son prolongement mais il y a l'idée de futur. Bon, on ne va pas se mettre à en parler maintenant…

JMB : (*Rire.*)

AG : …, mais le futur serait ce qui produirait l'effet du labyrinthe mental.

JMB : C'est ça.

AG : Donc ça, ce sera une idée qu'on traitera lors de la séance prochaine. On le marque, voilà. Bon, ce labyrinthe simple – ça me fait plaisir que tu acceptes, puisque tu as eu les deux, donc je pense que tu as ressenti, en lisant l'entretien, la même chose que moi ou, en tout cas, disons qu'on se comprend, qu'on se rejoint là-dessus –, est-ce que, avec ce labyrinthe simple, on part sur la première représentation que tu m'avais donnée, c'est-à-dire les murs végétaux, ou est-ce que tu veux en donner une autre version ?

JMB : Je visualise très mal ce qu'est le labyrinthe simple dans le sens des murs végétaux.

AG : Le jardin *Le Nôtre* dont tu m'avais parlé.

JMB : Oui, je vois de quoi on parle parce que c'est effectivement l'image que j'ai quand tu me dis labyrinthe, je vois un jardin *Le Nôtre*, mais je ne vois pas son application, ou, en tous les cas, je ne la visualise pas encore, même si…

AG : Ça, c'est le travail de l'exercice.

JMB : … même si on peut y venir maintenant très vite. Moi, je voyais le langage simple et un labyrinthe construit simplement mais qui s'abstiendrait justement de décrire ces murs végétaux, qui s'abstiendrait de décrire la porte d'entrée, etc. Donc, c'est vrai que…

AG : Ah, tu es un petit malin Jean-Mickaël! Parce que si tu me proposes une forme concrète de labyrinthe, que tu appelles simple mais n'ayant aucune spécificité, on va retomber sur une forme abstraite.

JMB : C'est parce que je ne vois pas l'autre. Mais je veux bien jouer à l'autre, hein, moi je veux jouer à l'autre!

AG : Bon, alors, on joue au jeu de l'autre. Comme tu es dans un labyrinthe, on va essayer de faire en sorte que tu ne t'échappes pas…

JMB : Voilà.

AG : … avec tes différentes techniques. Donc, tu es parti sur des murs végétaux.

JMB : Alors allons-y.

AG : Tu l'as refusé mais tu l'as nommé. Tu viens de le redire, la première image qui t'est venue à l'esprit, c'est celle d'un labyrinthe façon *Le Nôtre*. Je vais commencer sur *Le Nôtre* parce que *Le Nôtre* c'est quoi ? C'est du végétal mais c'est une version très élaborée du végétal.

JMB : C'est marrant qu'il s'appelle *Le Nôtre*.

AG : Pourquoi ?

JMB : Parce que c'est aussi le « notre » à tous, enfin, c'est celui qui est commun à beaucoup de personnes quand on parle de labyrinthe.

AG : C'est ce que j'ai dit, oui. Tu penses que c'est une vision partagée par de nombreuses personnes ?

JMB : Oui, c'est marrant que ce monsieur s'appelle *Le Nôtre*. (*Rire.*)

AG : Au niveau de ma propre représentation des choses, *Le Nôtre* c'est Versailles. C'est une version très aristocratique du labyrinthe. Il y a une autre version dont on m'a fait part encore récemment, c'est celle de *Shining*. Je ne sais pas si tu la connais ?

JMB : Non, pas du tout.

AG : C'est un film d'épouvante, pourrait-on dire, avec Jack Nicholson. Et il se perd à la fin dans un labyrinthe végétal qui est sous la neige en plus.

JMB : D'accord.

AG : C'est une version quelque peu horrifique du labyrinthe.

Le labyrinthe de *Le Nôtre*, c'est une version très aristocratique, comme je l'ai dit, dans laquelle on se promène. Est-ce qu'on s'y perd dans un labyrinthe comme celui de *Le Nôtre*, ou est-ce que c'est juste une promenade avec des haies qui arrivent, on va dire, à hauteur de cuisse, où l'on voit… Est-ce que c'est juste un jeu ou y a-t-il moyen de s'y perdre dans ce labyrinthe de *Le Nôtre* ?

JMB : Oh, on ne s'y perd que partiellement, enfin, on s'y perd un instant.

AG : Donc, il s'agit davantage d'un jeu.

JMB : C'est un jeu, oui. Il y a une sortie. Et on sait que celle-ci, même si on ne l'a pas encore trouvée, est relativement aisée.

AG : Dans ce cas, on va laisser tomber *Le Nôtre*.

JMB : Ah! (*Rire.*)

AG : On va laisser tomber *Le Nôtre* parce que…

JMB : Moi je veux bien un *Le Nôtre* très compliqué.

AG : Il va falloir rentrer dans un labyrinthe concret. Donc, là, je me trouve un peu devant un mur, dans une impasse, sur mes petits chemins, dans mon labyrinthe, je ne sais pas trop… *Le Nôtre*, je ne peux pas, parce qu'il est trop simple, trop évident, il ne présente pas véritablement de risque pour la pensée. Je vais donc te demander de me décrire concrètement un labyrinthe et de commencer par m'en décrire la porte d'entrée. Mais que ce ne soit pas un jeu, que ce labyrinthe réponde à l'idée radicale qu'on se fait du labyrinthe, à savoir un lieu structuré dans lequel, si l'on ne dispose pas du plan, on va forcément se perdre, où l'on a toutes les chances de se perdre de manière assez tragique comme on l'a déjà dit. Donc, de quelle manière concevrais-tu la porte d'un véritable labyrinthe, qui ne soit pas un jeu au demeurant mais un lieu où tu serais véritablement amené à te perdre ?

JMB : Bon, allons-y. Il faut que ça vienne comme ça ?

AG : Oui, laisse-toi porter parce que ça va se construire petit à petit. Et, si je peux te rassurer, chaque mot que tu vas prononcer ne viendra pas de nulle part. Il y a toutes les chances que, te laissant porter par ton intuition, tu donnes des informations qui fassent sens ensuite.

JMB : D'accord. Donc, pas d'inquiétude.

AG : Non, aucune inquiétude. Même si tu voulais dire n'importe quoi, tu n'y arriverais pas.

JMB : Le langage est parfaitement en place. Alors, ma porte d'entrée…

AG : Comment serait-elle ? Que je retrouve moi-même un peu mes marques.

JMB : Elle serait très large et il y a beaucoup de façons d'y entrer.

AG : Alors, déjà, c'est une porte, un portail ? Parce que ça pourrait être une ouverture. J'ai dit « Porte », mais tu vois une porte ou tu préférerais une ouverture d'un autre type ?

JMB : Une ouverture à multiples entrées. (*Rire.*)

AG : On te reconnaît bien là, quand même!

JMB : Oui. (*Rire.*) Si je ne choisis pas la porte, si je ne choisis pas le portail…

AG : Une ouverture à multiples entrées.

JMB : Quand je dis de multiples entrées, je veux dire de multiples façons d'y entrer.

AG : Ça pourrait ressembler à quoi çà, une ouverture avec de multiples façons d'y entrer ? Parce que j'ai du mal à imaginer personnellement. Déjà, la structure dans laquelle il y a ces ouvertures que j'ai du mal encore à me représenter, c'est quoi ? C'est un mur ? C'est du végétal, c'est…

JMB : Oh, je ne sais pas encore!

AG : Tu ne sais pas encore. Donc, concentrons-nous sur…

JMB : Je vais juste déjà…, je peux expliquer l'ouverture à multiples entrées.

AG : Oui.

JMB : Je vais juste donner une autre image mais c'est une toute petite image, une toute petite parenthèse pour clarifier : c'est comme pour entrer en boîte de nuit. Dans certaines boîtes de nuit, pour entrer, on doit être en costume ou porter obligatoirement une chemise. Là, dans ce labyrinthe, on pourrait entrer en tennis, en tee-shirt, tout nu, il n'y aurait pas de manière particulière d'entrer dans ce labyrinthe.

AG : Pardonne-moi si je dis une bêtise mais ça ressemble un peu à la publicité *McDonald's* : « Venez comme vous êtes ».

JMB : Exactement, c'est une porte d'entrée *McDonald's*.

AG : Sauf que tu me parlais de multiples entrées et que là tu m'as simplement dit que celui qui entre peut se présenter de n'importe quelle manière. Mais tu n'as pas répondu à la question des multiples entrées. Pour moi, il n'y a toujours qu'une seule entrée.

JMB : Alors, il n'y a qu'une seule entrée mais de multiples manières d'y entrer.

AG : Pourquoi est-ce important, qu'il y ait de multiples manières d'y entrer ? Pourquoi insistes-tu là-dessus ? Parce que tu aurais pu ne rien dire, tu aurais pu dire qu'il y avait une simple porte et qu'on entrait. Pourquoi dis-tu, insistes-tu, sur le fait qu'il y ait de multiples manières d'y entrer comme si ça avait une importance ? Pourquoi est-ce que c'est important ? Quelle serait une manière étonnante d'y entrer qui serait acceptée dans ce labyrinthe, par exemple, pour que tu prennes le soin de donner cette précision ?

JMB : Aucune. Mais la première chose que je remarque, c'est mon incapacité à faire simple. C'est-à-dire que la simplicité d'entrer par une porte, pour moi…

AG : Eh bien, tu as accepté l'idée d'entrer par une porte!

JMB : J'ai accepté l'idée d'entrer par une porte…

AG : Mais tu as insisté sur quelque chose de précis, sur le fait qu'on peut y entrer, non pas comme dans une boîte de nuit, selon ton expression, mais de n'importe quelle manière.

JMB : Donc je n'ai pas accepté l'idée qu'on puisse y entrer simplement. Et c'est ça qui m'interroge toujours.

AG : C'est rigolo, quand j'ai dit : « Venez comme vous êtes », non, ce n'est pas du tout une entrée *McDonald's*! Le « Venez comme vous êtes », tu ne l'acceptes pas. C'est paradoxal, en fait. C'est un « Venez comme vous êtes », sauf que tu as pris le soin d'insister dessus…, tiens, je me suis perdu encore…

JMB : Ah, j'aime bien! Pourtant, ce n'est que l'entrée.

AG : « Venez comme vous êtes »…, sauf que tu as également remarqué que tu étais incapable de faire les choses simplement, c'est ça ?

JMB : Oui.

AG : Dès le départ, ce que tu avais remarqué, c'était quoi ? ton incapacité à…

JMB : … entrer simplement par une porte.

AG : Voilà. Ce qui correspondrait véritablement au « Venez comme vous êtes », à ne se soucier de rien. Tu vois où est le paradoxe ?

JMB : Et moi, je me suis soucié quand même de la manière dont on y entre.

AG : Alors que quelqu'un qui serait vraiment dans le « Venez comme vous êtes » ne se poserait pas ce genre de question. Toi, tu dis : « Attention, il faut déjà valider le fait qu'on puisse entrer de n'importe quelle manière dans mon labyrinthe. » Pourquoi est-ce important ? Et que serait une manière étonnante d'y entrer, pour revenir à ma première question, qui justifie ta précision ?

JMB : Je redirais aucune. Ce qui valide toujours ce paradoxe ou cette idée un peu saugrenue de préciser qu'on puisse y venir de n'importe quelle manière…

AG : Puisque cela va de soi et que tout le monde s'en fiche.

JMB : Tout le monde s'en fiche.

AG : Donc, là, on a effectivement quelque chose de particulier. Est-ce que tu peux essayer d'approfondir ou est-ce qu'on passe à autre chose ?

JMB : On peut passer à autre chose.

AG : Donc, cette porte, on peut la passer de multiples

manières, et tu l'as passée. On est d'accord ou pas ?

JMB : On est d'accord.

AG : Que fais-tu ensuite ? Mais attends, ce n'est pas aussi simple que ça, tu m'as dit que la porte était très large. Est-ce que « très large » allait dans le même sens que « de multiples manières » ?

JMB : Oui.

AG : Ce qui apporte peut-être certaines précisions. Je vais avancer, si tu me le permets : est-ce qu'une porte plus étroite, une ouverture plus exigüe ne laissant pas entrer de multiples manières, aurait permis à Jean-Mickaël d'entrer dans le labyrinthe ?

JMB : Je n'en sais rien parce que je ne sais pas encore quelle valeur a ce labyrinthe et, par conséquent, si j'ai le droit d'y accéder.

AG : Pourtant, tu y es. Tu as accepté l'idée que tu avais passé la porte.

JMB : Alors, reprenons. (*Rire.*)

AG : On peut reprendre, on est dans un labyrinthe, donc on peut faire marche avant, marche arrière, se taper la tête contre les murs autant qu'on veut. Tu m'as dit : « La porte est très large, on peut y entrer de multiples manières », et je t'ai fait dire que tu avais passé la porte. Maintenant je te pose cette question : est-ce que tu aurais pu passer cette porte si tu n'avais pas donné ces précisions, à savoir « large » et « multiples manières » ? Si tu les as données, il y a bien une raison. Tu vas me dire que non, que tu as avancé au pifomètre. Seulement il s'agit de ton pifomètre, ta façon d'imaginer les choses ; pour ma part, je ne t'aurais jamais dit que dans mon labyrinthe la porte est très large et qu'on y entre de multiples manières. Je t'aurais dit : « C'est un portail qui est à moitié pris par le lierre, c'est un portail de fer rouillée – il est donc difficile d'y pénétrer, de pousser ce portail –, avec derrière une allée apparemment sans fin. » Ça, c'est mon entrée du labyrinthe, qui n'a strictement rien à voir avec la tienne.

JMB : En fait, la « largesse » de l'entrée s'oppose à l'étroitesse du chemin.

AG : Ah! eh bien on progresse.

JMB : Voilà.

AG : Donc, on a une porte très large ouvrant sur un chemin, ou une voie très étroite.

JMB : « Beaucoup d'appelés, peu d'élus. »

AG : Si je reprends : on a une porte très large avec de multiples façons d'y entrer. L'entrée du labyrinthe semble donc très aisée.

JMB : Elle n'est pas sélective.

AG : Mais une fois qu'on se trouve à l'intérieur, tout change.

JMB : Oui, ça devient beaucoup plus difficile.

AG : Pour essayer de transposer – puisque j'utilise le labyrinthe comme une métaphore ou une représentation concrète ou externalisée de l'intériorité, de la réflexion ou de la pensée –, on a une apparence qui est une apparence d'ouverture – « large », « de toutes les manières », etc. –, mais, par contre, une intériorité qui n'est pas du tout à l'avenant, voire qui est tout le contraire. Une voie très étroite.

JMB : Oui.

AG : L'intérieur du labyrinthe se révèle donc d'un accès très difficile. Comment vas-tu faire pour avancer dans cette voie très étroite ? Déjà, puisque tu es entré dans le labyrinthe, la voie, elle est comment, si tu devais me la représenter ? Tu es encadré par quoi ? Pourquoi est-elle étroite ? Qu'est-ce qui fait cette étroitesse ? Comment est le plafond ? Qu'est-ce que tu vois ? Est-ce que tu te retournes ? Est-ce que tu regardes devant toi ? Est-ce que, te rendant compte que la largeur de la porte, ainsi que les multiples manières d'y entrer, n'avaient rien à voir avec la réalité de l'intérieur du labyrinthe, tu choisis de faire demi-tour ou, au contraire, tu es content, tu continues ?

JMB : …

AG : Ça fait beaucoup de questions.

JMB : Oh oui! (*Rire.*)…

AG : Tu n'y arrives pas ? C'est rigolo. Je peux me permettre de t'interrompre ou pas ?

JMB : Vas-y, vas-y!

AG : J'ai fait cet exercice, une fois, avec une femme, et elle n'a jamais réussi à aller plus loin que la première salle. Mais, après, on peut interroger sur ce qui bloque. Dans ton cas précis, qu'est-ce qui se passe pour que tu ne puisses pas te projeter à l'intérieur ? Ça me fait rigoler quand même car, comme je l'ai dit, tu as plein de techniques d'esquive qui sont d'ordre intellectuel.

JMB : Oui.

AG : On pourrait te reprocher ou te dire que tu te sers de la complexité de tes raisonnements pour faire barrage, comme des moyens de défense contre une intrusion. Et là, c'est flagrant. La façade, l'apparence est vraiment, honnêtement, sans souci mais, même toi, quand tu dois t'affronter à ta propre intériorité – tu avais déjà rétréci le chemin en le qualifiant de « très étroit » –, tu bloques, tu n'arrives pas à avancer. Même toi, tu te refuses à avancer dans ton intériorité, à la visiter. Ton monde intérieur, tu me dis que tu n'y arrives pas.

JMB : C'est très vrai. C'est très, très vrai. Je suis content que ça mette ça en exergue.

AG : C'est pour ça qu'il est bien cet exercice. Je m'envoie une petite fleur pour la pub, pour les lecteurs : « Si vous voulez venir, venez. », mais pas trop nombreux parce que je me fatigue vite.

JMB : Il n'y a déjà plus d'eau dans le thé.

AG : En même temps, c'est rigolo parce que je le fais aussi – pour faire une petite aparté, pour te laisser le temps de te reprendre – avec une autre personne, une prof de français qui, elle, ça lui a donné l'idée – ça m'intéresse, je trouve ça très bien d'ailleurs ; ce n'est même pas que ça m'intéresse, ça me fait plaisir – de réaliser une retranscription de l'exercice mais de façon littéraire, c'est-à-dire en élaborant une fiction. Donc, je suis très content car, comme toi, notre travail ensemble t'a fait avancer dans l'écriture, elle pareille. C'est un résultat concret et je me dis que ça va au-delà de ce que je peux moi-même produire, ce qui est très agréable. Pour en revenir à toi, c'est étonnant de voir la difficulté que tu viens de rencontrer, ce refus d'ouvrir les yeux plus loin et de donner à voir ce qu'il pourrait y avoir à voir.

JMB : J'allais te dire en plus qu'il faisait noir. Enfin, une des images qui m'est venue…

AG : C'est déjà mieux que rien. Et est-ce que je peux conclure du fait qu'il fasse noir, qu'il faisait jour avant ? C'est-à-dire à l'extérieur, quand tu es entré. Ou est-ce qu'on était déjà dans le noir ?

JMB : Ah! c'est horrible comme question.

AG : Jean-Mickaël, la logique! Si tu as pu apercevoir cette porte très large, c'est qu'il y avait suffisamment de lumière. Donc il y avait une luminosité extérieure qu'il n'y a plus à l'intérieur.

JMB : Oui.

AG : S'agissait-il de la lumière du jour ou d'une lumière artificielle ?

JMB : J'aime bien l'idée de lumière artificielle.

AG : Bon, lumière artificielle. C'est rigolo que tu me dises ça, par rapport à ton premier labyrinthe…

JMB : Artificiel n'est pas de moi!

AG : Non, mais le naturel est sans arrêt repoussé. Même dans l'état d'avant l'intériorité, d'avant le labyrinthe, le naturel n'est pas présent. J'aimerais bien savoir où on va le trouver, si jamais on le trouve à un moment donné. Bref, petite parenthèse que je note juste, je t'ai posé cette question pour connaître l'état du monde avant le labyrinthe, celui de l'extériorité, en fait, et on est déjà dans l'artefact, juste ça.

JMB : D'accord.

AG : La lumière, il y avait une luminosité artificielle qui t'a permis de distinguer la porte, un peu comme pour ces boîtes de nuit dont tu parlais d'ailleurs, on se trouve dans un univers assez nocturne quand même. Tu as une luminosité artificielle, il fait noir…

JMB : À l'intérieur.

AG : …, l'entrée est étroite et ta métaphore ou le rapprochement que tu as établi avec une entrée de boîte de nuit. Donc, on est quand même dans un univers résolument nocturne. Ta représentation du labyrinthe se passe la nuit, dans l'obscurité, oui ou non ?

JMB : Oui, oui!

AG : Il fait noir. Alors, que se passe-t-il ? *What happens* ?

JMB : (*Rire.*)

AG : C'est un peu comme les jeux de rôle, tu peux choisir de faire avancer ton avatar…

JMB : C'est ça.

AG : …, ou t'asseoir, respirer et, pourquoi pas, ouvrir un livre de philosophie.

JMB : La seule chose qui me vienne – je ne maîtrise absolument pas ce que je vais dire…

AG : En même temps, il s'agit d'un labyrinthe. Le contraire serait étonnant.

JMB : Oui, mais quand je m'amuse dans mes labyrinthes conceptuels…

AG : Je sais, et c'est justement pour ça que j'ai voulu t'en sortir, parce que ça m'a gêné.

JMB : …, je suis beaucoup plus à l'aise.

AG : Je me suis dit que tu étais en train de mettre en place un système de défense qu'il fallait que je casse.

JMB : Pour moi, le nocturne équivaut à la confusion. Il faudrait donc être dans un état confus, pour reprendre l'exemple de la boîte de nuit, pour s'amuser.

AG : Pour y prendre du plaisir.

JMB : Mmmh…

AG : Pour s'amuser.

JMB : Oui, plus pour s'amuser. Je ne sais même pas ce que j'entends par « s'amuser ».

AG : Dans ce cas, nous allons juste noter ce que tu as dis. Je ne vais pas le transformer ce mot, je ne vais pas le modifier, c'est « s'amuser ». Donc, j'en conclus que quoi ? là, dans cette entrée très étroite, tu n'es pas en état de t'amuser, ou tu es en état de t'amuser ? Es-tu en état de confusion ou pas ? Du fait que ça te pose problème pour avancer, je pourrais en conclure, si je suis une logique simple, objective, si tant est que ce soit possible, le fait que tu aies été bloqué traduirait que tu n'es pas dans un état de confusion suffisant pour avancer dans ce lieu obscur, de dimension très étroite, que tes sens ou tes perceptions sont trop claires pour que tu puisses avancer dans ce lieu. Ça pourrait également vouloir dire autre chose : que l'intériorité n'est accessible ou que tu n'accepterais de rencontrer cette intériorité que dans un état de confusion. C'est-à-dire de manière relativement non assumée, non responsable. Que tu refuserais d'assumer, en fait…

JMB : Ah, je crois que ce n'est pas le…

AG : Alors je te laisse reprendre la parole.

JMB : Comment as-tu dit ?… Tu as dis le refus…

AG : Eh bien, tu me dis : « Je ne suis pas suffisamment confus pour avancer dans ce labyrinthe, je ne peux pas m'y amuser, m'amuser dans ce labyrinthe, dans cette espèce de boîte de nuit intérieure…

JMB : Oui.

AG : …, parce que je ne suis pas dans un état de confusion suffisant et je n'avance pas. » J'en ai donc conclu que si tu ne te trouvais pas dans un état de confusion suffisant, tu ne pouvais pas avancer dans cette intériorité.

JMB : Pour moi, ce n'est pas que la confusion soit nécessaire pour avancer…

AG : Alors, avance!

JMB : …, soit nécessaire à…

AG : L'exploration ?

JMB : Oui, à l'exploration de cette voie…

AG : Étroite et obscure.

JMB : Étroite et obscure, mais qu'elle est inhérente au labyrinthe, inhérente au…

AG : Qu'est-ce qui est inhérent ?

JMB : Cette confusion. Entrer dans un labyrinthe, c'est entrer dans la confusion.

AG : Donc tu es dans la confusion, puisque tu es entré. Alors, pourquoi n'avances-tu pas ?

JMB : C'est difficile de parler de la confusion. (*Rire.*) C'est confus.

AG : Je ne sais pas encore. Dans un labyrinthe, on ne sait pas où mènent les galeries, les différentes voies. Bon, acceptons l'idée que toi, effectivement, être rationnel, tu sois plongé dans un état de confusion, dans cette obscurité, dans cette galerie étroite. L'intériorité est difficilement accessible parce que confuse, parce qu'étroite et obscure.

JMB : C'est ça, oui.

AG : Que fait-on alors ? On essaye d'avancer, on prend le risque d'avancer, ou fait-on demi-tour, et s'il faut faire demi tour, pourquoi ? Qu'est-ce qu'on risque, qu'est-ce qui nous empêche ?… Est-ce qu'on est bloqué physiquement ? Je te rappelle que tu es le seul maître du jeu. Les murs se déplacent suivant ton imagination. Là, j'ai quand même un Jean-Mickaël, ou, en tout cas, un avatar de Jean-Mickaël, qui a passé une porte de boîte de nuit très large et qui se trouve bloqué, c'est-à-dire qui ne réussit pas à avancer dans cet univers confus, obscur et étroit. Qu'est-ce qui l'empêche ? Tu me dis : « La confusion m'empêche. », c'est ça ?

JMB : Oui.

AG : Tu es dans un état de confusion tel que tu ne peux plus avancer.

JMB : Oui.

AG : Eh bien, attendons que cet état se dissipe.

JMB : (*Rire.*) Je voulais aborder ce thème de la confusion mais…

AG : Qu'est-ce que tu appelles la confusion ?

JMB: Euh…, quand tu me dis de rattraper la dernière branche solide et que cette dernière branche…

AG : Qui est la porte ?

JMB : …, que cette dernière branche, je l'ai déjà enlevée, je l'ai déjà éliminée ; elle n'existe plus, en fait. Il y a cette volonté toujours, chez moi, je crois, de scier, d'éliminer, d'abolir, de détruire les branches qui pourraient me servir à revenir en arrière, qui pourraient me servir de sol un peu plus ferme, un peu plus solide pour continuer à avancer justement dans cet état de confusion. C'est-à-dire que mon retour en arrière est impossible du fait que j'ai scié la branche, la dernière branche qui aurait pu m'être utile pour repartir.

AG : C'est un peu confus. En même temps, on est dans la confusion…

JMB : Merci. (*Rire.*)

AG : Mais donc j'essaye de te suivre dans ce labyrinthe. Tu as scié la dernière branche, ça veut dire quoi ? Que s'il y a sortie, elle s'effectue… vers le haut, ou vers le bas ?

JMB : Vers le bas! Celle du bas…

AG : Vers le bas ?…

JMB : …, celle qui maintient, celle qui donne appui.

AG : Donc tu as scié en fait la branche…, donc tu tombes!

JMB : Ce n'est pas tant que je tombe, c'est que je n'ai pas la branche en bas pour me réceptionner.

AG : Pour descendre plus bas ?

JMB : Pour descendre à ce point où tu me demandes souvent de revenir, à cette dernière branche…

AG : Le dernier point stable.

JMB : Voilà, c'est le dernier point stable. Et j'ai cette

tendance toujours à le supprimer.

AG : D'accord. Le chemin que tu as parcouru s'efface…

JMB : Dès que…

AG : Tu ne laisses pas de traces, tu ne veux pas laisser de traces, c'est ça ? Tu effaces tes traces.

JMB : Je pense, mon dernier appui, oui, oui!

AG : « Je fais disparaître mon dernier appui. »

JMB : Oui.

AG : C'est ça ? Pourquoi ?

JMB : (*Rire.*) Simple et efficace.

AG : (*Voix basse.*) Pourquoi ? (*Voix haute.*) Donc il n'y a pas de retour en arrière possible. Tu ne veux pas qu'il y ait de retour en arrière possible, tu ne t'autorises pas…

JMB: Oh!…, ce n'est pas un vouloir…

AG : Quand tu fais disparaître, ce n'est pas volontaire, les derniers appuis ?

JMB : C'est inconscient. Je ne sais pas au niveau de la volonté ce que ça donne, mais au niveau de la conscience…

AG : Tu t'es rendu compte…

JMB : Je me rends compte.

AG : C'est un constat.

JMB : Oui c'est un constat. Exactement.

AG : C'est un constat que ton action, ce que tu fais, la façon de te comporter, fait disparaître le dernier appui auquel tu aurais pu te rattraper si tu avais dû faire marche arrière.

JMB : Oui.

AG : C'est-à-dire que dans des situations où tu te dis : « Je devrais faire marche arrière », tu te rends compte que tu as mis en place une situation telle qu'il ne t'est pas possible de faire marche arrière.

JMB : Oui.

AG : Tu veux rajouter quelque chose ou pas ?

JMB : Oui.

AG : Vas-y.

JMB : Pire que ça, j'ai l'impression qu'il n'y a jamais eu de branche ancienne sur laquelle m'appuyer. En gros, ça ne serait même pas l'idée que je scie la dernière branche sur laquelle j'étais, c'est que… il n'y a jamais eu de dernière branche. Il n'y a jamais eu de dernier point d'appui. C'est ça qui me rend…

AG : Pour le dire simplement, accepterais-tu l'idée d'une fuite en avant perpétuelle ?

JMB : C'est ça.

AG : Oui ?

JMB : Une confusion. Pour moi, c'est ça la confusion, ma confusion.

AG : D'être dans une fuite en avant perpétuelle ?

JMB : Tout le temps. Le conceptuel me va bien pour ça!

AG : Pourquoi ? Parce que le conceptuel est une structure, relativement fixe. En tout cas, c'est l'idée qu'on s'en fait. Et même moi, te connaissant, oui, c'est vrai que ta forme de conceptualisation est particulière. C'est vrai qu'il y a aussi dans ta conceptualisation cette absence de repères.

JMB : Il y a dans ma forme de conceptualisation beaucoup moins de règles…

AG : Je vais te demander un petit exercice… Non, pardon, vas-y.

JMB : (*Rire.*) Il y a beaucoup moins de règles que pour les formes de conceptualisation dont on se fait l'idée habituellement. Cela revient un peu à opposer physique classique et quantique, ou…

AG : Qui est une physique de la perte de repères, la quantique, clairement.

JMB : C'est ça. Eh bien moi, ça serait un peu cette idée-là.

AG : Par rapport à la mécanique classique.

JMB : Ça serait un peu cette idée-là. Mais on se repère toujours, j'ai l'impression que les fondations les plus stables sont toujours établies sur cette mécanique classique qui donne beaucoup plus de fixité, d'appuis, plus solides parce qu'on a intégré ces règles-là. On sait que ma main ne passera pas à travers la table…

AG : Mais toi, tu ne les a pas intégrées.

JMB : Moi, non, j'ai envie que, je ne sais pas…

AG : Ce n'est pas que tu aies envie, tu as dit : « je…

JMB : Je n'ai pas intégré.

AG : Ça ne s'est même pas produit. Ce n'est pas un refus de ta part.

JMB : C'est ça.

AG : On peut faire un petit exercice ?

JMB : Oui.

AG : Si tu te retournes, la porte t'apparaît comment ? Cette fameuse porte de boîte de nuit, tu la vois comment de l'intérieur ?

JMB : Euh…

AG : Laisse-moi te couper.

JMB : Il n'y a plus de porte!

AG : Exactement, elle n'est plus là. C'est donc cohérent avec ce que tu viens de dire, la porte n'est plus là, tous les repères que tu as pu avoir, tous ces repères passés et ça rejoint – tu vois, c'est rigolo comme les exercices se rejoignent – le labyrinthe abstrait auquel tu avais fait allusion, pris entre passé et futur. La porte n'est plus là – je pousse un autre pion –, tous ces repères que tu as pu voir ou prendre, tu souffres de l'évidence de leur illusion.

JMB : Pourquoi parles-tu des religions ?

AG : Non. (*Rire.*) « Illusion ».

JMB : Oh, pardon! C'est fou que j'ai voulu entendre religion.

AG : Oui, c'est fou.

JMB : Il faudra qu'on en reparle.

AG : Descartes, c'est un peu la crise du doute, pour en revenir à lui. C'est rigolo comme les choses se rejoignent et les fils se tendent. C'est pour ça que j'aime ce labyrinthe, parce que Descartes, on l'avait déjà rencontré la dernière fois. Descartes, c'est sa crise de doute, les châteaux bâtis sur le sable. Il se rend compte que ses repères n'étaient que des illusions. Et toi, là, ce que tu me dis : « La porte n'est plus là. » Les repères, quand je me retourne, et la fuite en avant… Faisons tourner la caméra et produisons un petit film, une petite fiction : on a un individu qui court, désespérément, pour ne pas être rattrapé par cette illusion qu'il sait être derrière lui, ces faux repères…

JMB : C'est ça.

AG : On a un individu qui court et qui fuit en avant parce qu'il sait que s'il s'arrêtait – et c'est ton cas, là, tu es à l'arrêt, plus ou moins –, il risquerait de les regarder et il préfère autant fuir que d'affronter l'illusion. Je suis content, on est dans le labyrinthe.

JMB : (*Rire.*) Un vrai, pas comme celui de la dernière fois.

AG : C'en était un aussi, mais il était particulier. On y reviendra. On y est d'ailleurs déjà revenu. Tu t'es retourné, la porte n'est plus là, donc tu te trouves vraiment dans l'obscurité, dans le noir.

JMB : Oui.

AG : Et comment sais-tu, à ce moment-là, que tu es bien dans un labyrinthe ? Parce que, je te rappelle, que pour qu'il y ait labyrinthe, il faut qu'il y ait une structure. Il ne suffit pas d'être perdu et dans un état de confusion. Il faut qu'il y ait une structure. Alors que là, dans ton obscurité, sans porte, la structure, il n'y en a plus. Ou, en tout cas, tu ne la donnes pas à voir pour l'instant. Donc, pour moi, tu n'es plus dans les conditions d'un labyrinthe.

JMB : Ah bon ?

AG : Tu t'en es échappé à ta manière. Eh bien oui! tu es dans le noir, il n'y a pas de porte, tu es perdu, soit, mais le labyrinthe c'est : *perdu + structure*. Une structure qui te perd.

JMB : Alors là…

AG : Eh bien, tu peux me dire, est-ce que tu es dans un labyrinthe ou est-ce que tu n'es pas dans un labyrinthe ? Attention à ce que tu dis parce que, vu l'entretien de la

dernière fois où tu m'avais dit que le labyrinthe était l'état
fondamental de la pensée, là, si tu me dis : « Je suis à
l'intérieur et il n'y a plus de labyrinthe », je vais te
dire : « Attends, Jean-Mickaël, tu veux jouer avec moi, c'est
une nouvelle technique ou quoi, tu es ceinture noire de
défense psychique ? »

JMB : (*Rire.*) J'aime bien ça.

AG : Non mais tu te rends compte peut-être – regardons les
choses sans jouer –, tu te bats aussi avec toi-même, là, je le
sens, pour essayer de protéger quelque chose, de dire ou de
ne pas dire quelque chose.

JMB : C'est vrai, c'est très vrai. Euh…, je pense que je suis
dans un labyrinthe.

AG : Ah! Eh bien, je vais le noter alors.

JMB : Mais le fait qu'il fasse noir, le fait même de l'étroitesse
de la voie, déjà, sont pour moi des indications d'une
structure qui existe.

AG : Tu as raison, tu te rattrapes bien, « l'étroitesse de la
voie ». Tu aurais pu me dire : « L'étroitesse de la voie me
permet de savoir que je suis toujours sur une voie et donc
vraisemblablement dans un labyrinthe. »

JMB : Exactement.

AG : Et pas seulement vraisemblablement. Je suis vraiment
dans un labyrinthe parce que cette voie, je ne sais pas où elle
mène. Donc je suis dans une structure qui me guide mais, en
même temps, qui me perd parce que je ne sais pas où elle
mène.

JMB : Oui.

AG : Et alors, on fait quoi ? Tu fais quoi ? Parce que tu étais
figé. Maintenant tu t'es retourné, la porte n'est plus là. La
voie est suffisamment large, quand même, pour que tu
puisses te retourner, donc, j'en conclus que tu dois pouvoir
t'y déplacer…, ou pas ?

JMB : Je pourrais m'y déplacer mais je pense que ça ne serait
pas très fructifiant. Ça ne porterait pas beaucoup de fruits

que d'avancer dans la confusion. Je ne vois pas comment on peut avancer dans la confusion.

AG : Tu as déjà essayé ?

JMB : Là j'essaye, là.

AG : Non mais auparavant ?

JMB : Je crois que j'ai toujours essayé.

AG : Eh bien alors ?

JMB : Tu vas me dire que j'ai avancé, d'une certaine manière.

AG : Ce n'est pas ce que j'allais dire. Je veux bien le dire.

JMB : Mais, à la finalité des choses, le labyrinthe que je décris est un labyrinthe où la confusion fait loi.

AG : Pourquoi, Jean-Mickaël, pourquoi ne te concentres-tu pas sur la structure, c'est-à-dire sur la voie étroite, pour lutter contre cette confusion ? Pourquoi ne la suis-tu pas simplement, on va dire en l'effleurant de la main, en laissant glisser ta main, pour lutter contre cet état de confusion que tu juges comme essentiel ou fondamental ou inhérent, c'est ton terme, au labyrinthe ?

JMB : Il faut que j'aille faire pipi.

AG : Vas-y. Moi aussi, je vais…, alors attention, comment met-on sur pause cette machine ?…

(*Pause.*)

AG : Ça marche bien, hein ? On en était où alors ?

JMB : On en était où ? Ouh là là!

AG : Parce que je me suis perdu, un peu, dans mon propre labyrinthe ces derniers instants.

JMB : J'ai fait un break.

AG : Toi aussi.

JMB : (*Rire.*)

AG : De mon côté, la dernière marche solide, la dernière branche c'était : pourquoi ne te laisses-tu pas glisser le long de la galerie pour te retrouver et lutter contre cette confusion ? En même temps, je reviens à autre chose, c'est

que tu m'as dit : « On s'amuse dans cette confusion aussi. »
Tu as dit que tu n'étais pas en état de t'amuser, mais tu as dit
aussi qu'on pouvait s'y amuser dans cette confusion.
JMB : Pour moi, c'est le conceptuel. C'est là où je m'amuse,
c'est le philosophique.
AG : Et pourquoi est-ce que là ça ne bouge pas ? Pourquoi
n'avances-tu pas, pourquoi as-tu dit qu'il n'y aurait pas de
fruits à faire fructifier dans la confusion, alors que tu dis, là
maintenant, que c'est le conceptuel et le philosophique et
qu'on s'y amuse ? Pourquoi toutes ces contradictions, Jean-
Mickaël ?
JMB : (*Rire.*)
AG : On a une boîte de nuit qui s'est transformée en boîte
de nuit conceptuelle, dans laquelle finalement on peut
s'amuser et ne pas s'amuser. C'est-à-dire qu'elle est riche de
ses concepts, mais, en même temps, toi, en ce moment
précis, tu n'es pas capable d'y avancer parce que tu dis qu'on
en obtiendra rien! Alors je dirais qu'on se trouve face, là, à
l'inanité de l'exercice philosophique considéré dans l'absolu,
c'est-à-dire que tu t'amuses à un exercice que tu sais
pertinemment être vide, simplement pour masquer ce que tu
ne veux pas voir, pour protéger ton intériorité.
JMB : C'est ça.
AG : Est-ce que ce n'est pas une perte de temps, cette fuite
en avant perpétuelle ? En fait, il y a quelque chose derrière, il
y a une branche, tu la scies, tu la fais disparaître, non! tu
disais qu'elle disparaissait toute seule. Je me demande, je ne
suis même pas sûr qu'elle ait jamais disparu. Tu refuses de la
regarder, tu refuses de la voir.
JMB : Je ne suis même pas sûr qu'elle ait déjà existé, cette
branche.
AG : Il faudrait peut-être se retourner, pour savoir.
JMB : Elle n'existe pas.
AG : Elle n'existe pas ?
JMB : J'en suis certain.

AG : Est-ce que l'intériorité de Jean-Mickaël existe ou pas ?

JMB : (*Rire.*) Grande question. J'ai envie de dire oui. J'ai envie de dire oui, mais j'ai du mal à la…

AG : Regarder ?

JMB : À voir à quoi elle ressemble, en tous les cas.

AG : Ça, on s'en rend bien compte, oui.

JMB : (*Rire.*)

AG : Ça, on le saura si tu acceptes d'avancer dans cette confusion qui, permets-moi de te contredire, n'est, à mon avis, absolument pas une confusion d'ordre conceptuel.

JMB : C'est quoi ?

AG : C'est mon avis.

JMB : J'aimerais bien avoir ton avis.

AG : Ah non! Mon avis s'arrête là. C'est-à-dire que, pour moi, quand tu dis que cette confusion est produite par les concepts et qu'on peut s'y amuser, je dirais que l'état de confusion n'est pas produit par les concepts. Mais bon, je m'y perds un peu, là, moi-même. Ou plutôt, tu m'as encore une fois perdu.

JMB : (*Rire.*)

AG : Et j'aimerais bien savoir comment tu t'y prends.

JMB : Pour te perdre ?

AG : Pour produire cet effet, oui. Mais c'est rigolo. Comme ça, ça me permet d'être aussi dans l'exercice.

JMB : Je n'ai pas fait grand-chose, pourtant.

AG : Oh si! Tu as fait au moins bien plus que tu pourrais le croire. Tu jongles avec des représentations contradictoires. La principale étant : 1) Je suis bloqué dans un état de confusion et une obscurité dont il n'y a rien à tirer, 2) Cette confusion est produite par les concepts, on s'y amuse. L'intériorité de Jean-Mickaël, y en a-t-il une ? J'ai envie de dire oui. Elle est difficile à se représenter, donc on est dans la confusion ?

JMB : Oui.

AG : Elle est difficile à se représenter, pourquoi ? Parce qu'elle est d'ordre conceptuel ?

JMB : Elle est de l'ordre de quelque chose qu'on a depuis tout le temps mais qu'on se refuse à voir, oui.

AG : Qu'on a tous ? Le « on » est anonyme.

JMB : Oui, c'est ça! C'est un donné.

AG : Donc elle est refusée, selon toi, par tous.

JMB : Oh, je n'aime pas ces généralités!

AG : C'est pourtant toi qui l'a faite.

JMB : Elle est refusée, elle est refusée globalement pas tous, oui.

AG : Mais tu atténues quand même, non ? Donc, tu entrevois la possibilité que certaines personnes ne refusent pas cette intériorité.

JMB : Oui.

AG : Mais, en tout cas, toi, tu la refuses.

JMB : Moi, je la refuse.

AG : Pourquoi ?

JMB : Je la refuse, je la refuse actuellement. Je tends à vouloir la voir.

AG : Donc cet état de labyrinthe, celui dans lequel tu te trouves, dans l'obscurité, n'avançant pas et n'utilisant pas la voie, la galerie pour progresser, disons que c'est volontaire ? Tu ne veux pas avancer ?

JMB : C'est inconscient.

AG : Et consciemment, tu fais quoi alors ?

JMB : Consciemment, je ne veux pas le voir.

AG : Tu ne veux pas voir quoi ?

JMB : Euh, consciemment, je préfère jouer conceptuellement...

AG : T'amuser! Dans la confusion.

JMB : À mes petites défenses...

AG : T'amuser dans la confusion pour ne pas avancer, c'est ça ?

JMB : C'est très complexe tout ça. (*Rire.*)

AG : Oui, c'est compliqué, je te l'accorde. Mais la question, là, est relativement simple : « Je préfère m'amuser conceptuellement, plutôt que d'avancer dans le labyrinthe. »

JMB : Plutôt que d'avancer dans l'intériorité ?

AG : Oui.

JMB : Oui… Je ne faisais rien que d'avancer conceptuellement. Je le sais, en plus.

AG : Il faut que tu acceptes de ne plus utiliser la conceptualisation comme une défense.

JMB : Je vais tuer la philosophie.

AG : Oh…

JMB : Non, je rigole. (*Rire.*) Nan! Nan! Je rigole.

AG : …, tu ne seras pas le premier.

JMB : Nan, mais pour moi c'est très dur, parce que les premiers philosophes que j'ai aimés étaient d'ordre conceptuel et…

AG : Parce qu'il existe des philosophes qui n'appartiennent pas à cet ordre conceptuel ?

JMB : Hum! J'ai envie de dire oui.

AG : Qui, par exemple ? Encore Montaigne ?

JMB : Peut-être.

AG : Bon, acceptons-le. On ne va pas non plus ouvrir…, dans le labyrinthe, je ne suis pas sûr que j'ai envie de visiter la bibliothèque.

JMB : Wittgenstein ?

AG : Oui, Wittgenstein, en même temps, c'est un logicien, hein, donc euh…, mais, bref, laissons la bibliothèque, pour le moment en tout cas, parce qu'à mon avis, il s'agit encore d'une stratégie d'évitement de ta part. Moi, c'est Jean-Mickaël qui m'intéresse, et sa situation, sa position dans le labyrinthe. Qu'est-ce qui pourrait te permettre d'avancer dans cette galerie étroite et obscure puisque même les murs ne te suffisent pas, ou, en tout cas, je ne sais pas si ce sont des murs, mais la structure ne te suffit pas pour te guider, pour avancer. Et tu dis que même avancer, on n'a rien à y gagner.

JMB : Oui.

AG : Qu'est-ce qui te permet d'affirmer qu'on a rien à y

gagner ? Est-ce que tu as déjà avancé dans cette structure obscure ?

JMB : J'avance tout le temps.

AG : Dans cette structure obscure ?

JMB : Oui, oui, tout le temps. Même maintenant.

AG : Dans ce cas, pourquoi te présentes-tu comme n'arrivant pas à avancer ?

JMB : Parce que j'estime n'avoir obtenu aucun gain.

AG : Alors attends, Jean-Mickaël, je ne vais quand même pas te laisser jouer avec moi aussi facilement. Tu me dis que là, maintenant, tu es en train d'avancer. Je te réponds que non, tu m'as dit que tu étais bloqué. Es-tu bloqué ou es-tu en train d'avancer ?

JMB : (*Rire.*) Mon Dieu!

AG : Est-ce que tu es en train d'essayer de te jouer de moi ?

JMB : Non, je suis bloqué conceptuellement mais je continue à avancer dans ma confusion. Parce qu'on a nommé conceptuellement cette confusion, mais je suis toujours…

AG : Ok. Donc, tu avances en aveugle, à tâtons et tu ne maîtrises plus rien, c'est ça ?

JMB : Exactement.

AG : Eh bien, c'est génial. Enfin!

JMB : C'est génial, tout le monde rêve de ça.

AG : Tu le dis ironiquement ?

JMB : Oui, c'est vrai, je l'ai dit ironiquement.

AG : Non, je te demande. C'est une question que je t'ai posée.

JMB : Oui.

AG : Donc on ne rêve pas de ne plus rien maîtriser et tu te trouves dans une mauvaise situation.

JMB : Mais pourquoi tout est tou… (*Marmonne quelque chose à voix basse, indistincte.*)

AG : Hein ? Qu'est-ce que tu disais ? Je n'ai pas entendu.

JMB : J'ai marmonné quelque chose…

AG : Oui, oui.

JMB : … mais ça ne veut pas aboutir.

AG : Ça n'a pas abouti. Je te laisse reprendre un peu ton souffle, parce que, sinon, je vais recommencer à te pilonner et t'empêcher d'en placer une comme la dernière fois, ce que je ne veux pas.

JMB : Non, non, non, non. Oh, mais là, j'ai plus grand-chose à dire, là. Je redoutais…

AG : Tu as énormément à dire…

JMB : Je redoutais…

AG : Mais, c'est vrai…, le labyrinthe, oui, tu le redoutais et c'est bien qu'on y soit parce que c'est l'exercice. Là, tu es forcé d'abandonner le concept. La situation, pour toi, n'est pas une situation agréable. Mais moi je suis un peu un tortionnaire, en tout cas maintenant. Tu m'as dit que tu avançais. Qu'est-ce qu'il se passe ? La galerie, elle est comment ? Toujours étroite, toujours obscure ? Les murs, est-ce que ce sont bien des murs ? Est-ce qu'il y a un contact ? Es-tu toujours debout, est-ce que tu t'écroules ? Est-ce que tu cries, qu'est-ce qui se passe ?

JMB : J'aime bien l'idée de contact.

AG : Il y a un contact ?

JMB : Nan.

AG : Il n'y a pas de contact.

JMB : Il n'y a pas de murs, il n'y a pas de contact avec des murs.

AG : Donc elle est étroite mais tu n'a pas de contact.

JMB : Ah oui, c'est marrant ça! (*Rire.*)

AG : Tu es fort parce que, dans l'obscurité, tu réussis à éviter tout contact avec les murs. C'est-à-dire que même dans l'obscurité…

JMB : Ah mais, sortons de là!

AG : …, même dans l'obscurité – non, non, attends, il ne nous reste que quelques minutes encore –, même dans l'obscurité, la structure – les murs, c'est la structure –, tu refuses – je te rappelle que tu ne voulais pas te retourner pour voir les branches, hein ? ou que tu les sciais pour qu'elles disparaissent –, même ici, dans l'obscurité, pareil : la structure, tu ne veux pas la côtoyer, tu ne veux pas la rencontrer. Ce qui pourrait te donner un appui, dans ton monde.

JMB : De quelle structure on parle ?

AG : J'en sais rien! C'est à toi de la projeter, c'est à toi de l'imaginer.

JMB : C'est bien ça le problème.

AG : Cette structure, c'était des branches. C'est l'image que tu as donnée. Même si ces branches ne se trouvaient pas forcément dans le labyrinthe. Ou, en tout cas, pas dans ce labyrinthe-ci.

JMB : Oui, c'était une autre fois.

AG : Là, dans cet état, les parois, la structure de la voie, pour l'instant ne sont pas définies du tout. Mais, ce qui est sûr, c'est que tu la refuses. Tu ne veux pas de contact avec elle. Tu sais, structurer…

JMB : Oui.

AG : Structurer c'est aussi – on retrouve de vieilles choses – prendre position, savoir où l'on est. Tu ne veux pas.

JMB : Ce n'est pas que je ne veux pas, c'est que je ne l'ai jamais fait.

AG : Donc, tu as cet étrange don d'avancer dans l'obscurité sans jamais rencontrer…, je repose ma question : qu'est-ce qui te permet de savoir, dans ce cas-là, que tu es dans un labyrinthe ?

JMB : « Qu'est-ce qui te permet de savoir ?… »

AG : Si tu ne rencontres jamais la structure, que tu es dans un labyrinthe ? Tu le sais, tu as une prémonition, on t'a averti ? Qu'est-ce qui te permet de savoir que tu es dans un labyrinthe ?

JMB : (*Rire.*)…

AG : Puisque tu ne rencontres jamais la structure. Mais c'est rigolo, permets-moi, je te laisse, je suis désolé mais…

JMB : Non, non, je n'ai rien à dire.

AG : Tu me fais l'effet de quelqu'un qui aurait peur, mais pas qui aurait peur de quelque chose qu'il a vu, qui aurait peur d'une histoire qu'on lui a racontée mais qu'il n'aurait jamais vérifiée. C'est comme les enfants qui ont peur du loup, ils n'ont jamais vu le loup!

JMB : C'est ça, euh…

AG : Toi, tu me dis : « Il n'y a pas de branches derrière, la structure, je n'ai pas de contact avec elle, etc. » Comment sais-tu que tu es dans un labyrinthe ? On te l'a raconté ? Rien de ce que tu m'as dit ne te permet de le savoir, rien!

JMB : Bon, allez Jean-Mickaël!

AG : Rien. Ce que je veux dire, à un moment tu étais sur la galerie et sur l'étroitesse de la voie mais tu as choisi de l'abandonner. Tu as dit : « Non, il n'y a pas de contact! » Il y en a eu un de contact ou pas, à un moment donné ? avec la structure du labyrinthe-là, dans…

JMB : Nan.

AG : Jamais.

JMB : Nan.

AG : Comment t'as su que tu étais dans un labyrinthe ? On te l'a dit ?

JMB : Nan. Il faut que je redéfinisse le mot « étroit ». Il faut que je redéfinisse l'étroitesse de cette voie. Ce n'est pas une étroitesse, euh…

AG : Tu as dérapé ailleurs. Qui t'a prévenu que tu étais dans un labyrinthe ?

JMB : (*Rire.*) Euh… personne.

AG : Personne. Mais comment le sais-tu, puisque tu n'y vois rien et que tu n'as pas touché la structure ?

JMB : Tu ne veux pas que je m'échappe ?

AG : Non.

JMB : Non, bon, d'accord. Euh…

AG : Désolé, Jean-Mickaël.

JMB : (*Rire.*) Bon, eh bien alors, là, je suis foutu.

AG : Tu es d'accord, tu aimes la logique, tu fais de la philo. Et on est dans un exercice logique.

JMB : Je n'aime pas la logique.

AG : Tu n'aimes pas la logique. Alors – tu n'es pas obligé de me répondre de manière logique –, mais la logique dit que si tu rentres dans un environnement obscur et que tu n'as aucun contact avec la structure de l'édifice, tu ne peux absolument pas affirmer qu'il s'agit d'un labyrinthe, à moins qu'on t'ait prévenu. Ou à moins que tu l'appréhendes, mais d'ailleurs, que ça te fasse angoisser, l'idée de potentiellement te retrouver dans un labyrinthe. Mais là, présentement, dans cette situation, tu ne peux pas le savoir, tu comprends ?

JMB : Je comprends.

AG : Donc, je te demande de m'éclaircir un peu, si le mot est bien choisi dans cette situation, parce que je ne suis pas sûr qu'il y ait beaucoup de lumière, mais de m'éclaircir un peu ce qui se passe. *Que pasa ?*

JMB : *Que pasa ?* Euh…

AG : Parce que c'est important, il n'y a pas qu'un jeu, il faut bien que tu le comprennes, il y a quand même des affirmations lourdes au niveau du sens.

JMB : Oui.

AG : Tu as imaginé, conçu un modèle, on va dire une espèce de maquette, intellectuelle, qui ne fonctionne pas et qui ne veut pas fonctionner. Et tu ne veux pas répondre de manière logique. Tu dis : « Je n'aime pas la logique », eh bien, réponds de manière non logique : « Je sais que je suis dans un labyrinthe pour… »

JMB : Mais tu vas me ramener à ce logique.

AG : Pas forcément, je peux essayer de te suivre autant que je peux sur cette voie qui n'est pas logique… Prenons notre temps, Jean-Mickaël, il reste 10 minutes.

JMB : C'est trop court !

AG : Hum, ce n'est peut-être pas, c'est peut-être, au

contraire, on a peut-être besoin, tu as peut-être besoin, l'exercice a peut-être besoin de ce temps. Il est important de se rendre compte, depuis le début, avancer dans une structure qui est censée modéliser ton intériorité intellectuelle, tu refuses d'y aller. Tu as essayé différentes techniques mais jamais tu n'as essayé d'avancer. Là, pour l'instant, tu fais des bonds à droite à gauche, à peu près, on va dire, à proximité de la porte – il n'y a même plus de porte –, dans un noir, une galerie qui est censée être étroite. En même temps on n'a aucun moyen de le vérifier. On a surtout un individu qui se débat pour ne pas se montrer.

JMB : Je ne sais pas ce que ça veut dire.

AG : Quoi ?

JMB : Se montrer, c'est quoi ? Qui ?

AG : Mais *Jean-Mickaël.* J'ai envie de te dire, comment dit-on, en anglais ? *Keep going*, laisse filer, le lâcher prise, même si c'est une expression qui est un peu…

JMB : Galvaudée.

AG : Galvaudée. Laisse-toi filer, sans concepts, laisse-toi avancer sans filets, on verra bien! C'est juste un exercice, tu l'as dit, un jeu.

JMB : Pour moi, c'est un jeu quand c'est concept…, enfin, quand c'est…

AG : Conceptuel ?

JMB : Oui.

AG : Eh bien, essayons de voir si on ne peut pas s'amuser sans les concepts. Tu disais qu'on pouvait y rentrer de n'importe quelle manière. On peut peut-être y rentrer sans les concepts.

JMB : J'ai peut-être menti, alors. (*Rire.*)

AG : Ah, peut-être, je ne sais pas. Je ne connais pas toute la panoplie de tes techniques argumentatives.

JMB : Sans les concepts ?…

AG : Tu peux avancer. Tu peux ou pas ?

JMB : Nan.

AG : Qu'est-ce qui t'empêche d'avancer, la confusion ?

JMB : Oui.

AG : Et si on te pousse, qu'est-ce qui va se passer ? Quelle va être ta réaction si quelqu'un te pousse ? En l'occurence, ici, c'est moi, puisque je t'accompagne dans l'exercice. Si je te pousse, qu'est-ce que tu va me faire ?

JMB : La dernière fois qu'on m'a poussé…

AG : Oui ?

JMB : J'ai pleuré. Ce n'est pas ce que je ferai là!

AG : Ce n'est pas ce que j'aurais répondu, moi. Tu sais ce que je…

JMB : C'est ce que je fais normalement, à ce moment-là.

AG : Je dirais plus, je te connais par ton passé, « j'ai pleuré », tu ne me l'avais pas forcément dit, mais surtout, la personne qui a fait ça, tu ne veux plus la voir, tu coupes les contacts, c'est ça ?

JMB : Oh! je vois de quoi on parle. Euh… non, ce n'est pas cette personne-là. Cette personne-là avait…, je l'avais mal exprimé certainement mais… (*Rire.*) Ça, c'est difficile. Euh…

AG : Bon, bref, restons à ta voie et à ton chemin. « J'ai pleuré », qu'est-ce que tu me dis quand tu me dis : « J'ai pleuré » ? Moi, encore une fois, si je suis les associations simples du terme, j'entends « J'étais triste », c'est ça ?

JMB : Oui, bien sûr.

AG : La tristesse.

JMB : Oui. Une colère aussi.

AG : Tristesse plus colère, un sacré ménage. Tu vois, c'est rigolo. C'est rigolo, Jean-Mickaël, parce qu'encore une fois, on va parler vraiment de, tu sais, il y a un Minotaure dans le labyrinthe.

JMB : On en a parlé tout à l'heure.

AG : Il y a un Minotaure et on a l'impression que ce Minotaure tu ne l'a jamais vu, tu n'es même pas sûr qu'il est là, mais tu l'appréhendes tellement, tellement, que tu refuses de faire un pas. Parce que tu me dis qu'il y a de la colère, de la tristesse, mais où ? Tu ne sais pas ce qu'il y a devant. Pourquoi ? Quelqu'un qui saurait, je comprends, mais tu sais ou tu ne sais pas ce qu'il y a dans le labyrinthe ? A priori, tu ne sais pas ce qu'il y a.

JMB : Non.

AG : Alors pourquoi es-tu triste, pourquoi es-tu en colère ? Ou alors tu mens encore une fois et tu sais ce qu'il y a.

JMB : Ah non, je ne sais pas.

AG : Alors, pourquoi ne pas avancer ? Et pourquoi être triste, pourquoi être en colère ?

JMB : Parce que je ne sais pas quel labyrinthe c'est.

AG : Mais c'est toi.

JMB : Moi j'connais pas.

AG : Et tu ne veux pas connaître.

JMB : Euh…

AG : Attention! Question à…

JMB : À 10000 points.

AG : À combien ?

JMB : (*Rire.*) À 10000 ?

AG : À 10000. Question à 10000 : c'est toi, tu veux connaître ou tu ne veux pas connaître ?

JMB : Connaître moi ? Me connaître ? Est-ce que je veux me connaître ?

AG : Oui mais pas la porte d'entrée large et tout ça, non, l'intériorité, la galerie étroite, obscure, etc., tu veux connaître ?

JMB : Est-ce que je veux me connaître ?

AG : Oui ?

JMB : Oui.

AG : Alors pourquoi es-tu triste et en colère ?

JMB : Parce que je ne me connais pas.

AG : Oui, mais la personne t'a aidé. Ah! tu n'étais pas triste et en colère contre elle, tu étais triste et en colère contre toi!

JMB : Oui, c'est ça! Pardon.

AG : Ah… oui!

JMB : Parce que j'en oublie même de préciser l'essentiel. (*Rire.*)

AG : Tu étais triste et en colère contre toi qui n'avait pas réussi à avancer tout seul ?

JMB : Je n'arrive jamais à avancer comme ça.

AG : Quand on t'a poussé, ça t'a ramené à toi-même en te disant : « Je suis vraiment – je ne sais pas – lâche, incapable ; de moi-même, je n'y arrive pas. » ?

JMB : Oui, je suis incapable de…

AG : « Alors que je voudrais me connaître moi-même, je suis incapable de faire par moi-même l'effort d'y arriver. » ?

JMB : Je suis incapable, oui, de me connaître moi-même. C'est bizarre de dire ça, mais de n'user que de moi-même, en fait. Que mon langage ne soit le reflet que d'un Jean-Mickaël qui use des mots simplement et qui…

AG : Donc tu reconnais qu'il y a quelque chose d'artificiel dans ta complexification du réel.

JMB : Ah oui! Totalement.

AG : Oui.

JMB : Sinon, ça ne serait plus une complexification.

AG : Donc, tu reconnais aussi – ce qui est dur à dire pour moi – que la philosophie, tout tes progrès en philosophie, quelque part, sont un camouflage.

JMB : Moi, je m'en suis servi beaucoup comme ça, oui. Mais ce n'est pas ça la philosophie.

AG : Oh…

JMB : Ah bon ? (*Rire.*)

AG : Il nous reste très peu de temps. Il t'a poussé, tu pleures, tu es triste contre toi-même. Je ne l'avais pas compris, je te remercie de l'avoir précisé. Bon, maintenant, il t'a poussé, qu'est-ce qui se passe, alors tu avances ou pas ? Ou tu te remets à t'arrêter ? Parce que ça peut durer longtemps comme ça.

JMB : (*Rire.*) Pour l'instant…

AG : Tu ne veux pas.

JMB : Oh…

AG : Attends! Est-ce qu'on est face à un enfant, tu vois, vraiment, un caprice presque enfantin ou une peur enfantine ?

JMB : C'est une peur, oui.

AG : Une peur enfantine ?

JMB : Oui, c'est une peur d'être juste Jean-Mickaël.

AG : Une peur enfantine d'être juste Jean-Mickaël.

JMB : C'est comme si l'on me demandait de brûler mes livres de philosophie. Je pense que ce serait le truc le plus…, je n'aimerais pas qu'on me demande d'arrêter la philosophie demain.

AG : Pourquoi, parce que ça t'obligerait à te regarder en face ?

JMB : Je crois que la meilleure philosophie que je puisse faire demain, si je voulais vraiment pouvoir parler simplement, pouvoir parler d'un labyrinthe simple, etc., ou parler de moi-même tout simplement, ça revient à l'acte de ne plus lire de philosophie, de se dire : « Bon, eh bien, la philosophie, c'est… », enfin de ranger la philosophie dans le conceptuel et de se dire, de se débarrasser de ça, de se dire : « Ça ne m'aidera jamais », ou : « Ça ne mènera jamais à…

AG : Eh bien, c'est peut-être un peu présomptueux de dire ça, mais j'espère que le labyrinthe permettra d'avancer dans ce sens.

Séance 3 : la peau

AG : C'est parti, la machine s'est mise en marche. Alors, comme je suis un peu fatigué, est-ce que tu as eu le temps de reprendre un peu ce qu'on avait fait, ce qui s'était passé la dernière fois ?

JMB : Oui, j'ai revu. J'avoue que ça fait un petit bout de temps maintenant, donc je ne l'ai pas revu récemment. Qu'est-ce que je peux dire d'autre ?…, qu'est-ce que je peux dire…

AG : Alors, je vais peut-être partir sur une idée que j'ai.

JMB : Allons-y.

AG : Eh bien moi, je me suis dit quelque chose d'intéressant en relisant, en retranscrivant notre dernier entretien. Je me suis dit : « C'est pas mal. » C'est pas mal au niveau de la pratique et c'est pas mal pour la philosophie, parce que la situation dans laquelle s'est arrêté, ou a bloqué Jean-Mickaël, son stade d'entrée dans le labyrinthe, le premier stade d'obscurité complète, sans porte et immobile, là, je me suis dit qu'on se retrouvait dans une situation qui entretenait une certaine similitude avec la fameuse caverne.

JMB : D'accord.

AG : Sauf que c'est mieux qu'une caverne parce que c'est un labyrinthe déjà, parce que ça a été posé comme tel. La caverne, elle, n'a qu'une seule pièce, tandis que le labyrinthe est censé en posséder plusieurs, ou, en tout cas, posséder tout un réseau de galeries. Mais surtout, Jean-Mickaël, là où je me suis dit que c'était intéressant, c'est qu'il a eu cette… ; si tu veux, Platon, dans la caverne, quand il place ses prisonniers au départ, qui sont des représentations de nous-mêmes, il les place dans une semi-obscurité, dans une pénombre suffisante pour qu'ils puissent voir les ombres projetées, mais ils ne sont pas dans une obscurité totale, il y a la lumière, en fait, grâce au feu qui se trouve derrière, et ce feu est quelque part annonciateur du soleil qu'ils trouveront dehors, s'ils veulent bien se libérer.

JMB : Oui.

AG : Donc la lumière est toujours présente en philosophie, même au niveau d'un tout petit feu, même au premier stade de la caverne, il y a un embryon de lumière qui est maintenu par Platon. C'est-à-dire que Platon, pour le dire franchement, n'assume pas l'obscurité totale. Il n'assume pas l'obscurité totale de la condition fondamentale de l'individu. Ce que j'ai aimé dans ta position, c'est que tu as pris le risque de te mettre dans une situation d'obscurité totale. Tu as appelé ça aussi la confusion, un état de confusion maximum.

JMB : Oui.

AG : Ça, j'ai aimé. Je me suis dit, voilà, on a deux choses. Dans la philosophie classique, on a *une* caverne. Là, on a un labyrinthe et donc on a une possibilité, encore une fois, de complexification supérieure, de l'intériorité toujours, et, en plus, tu as assumé…, tu aurais pu me dire : « La porte reste ouverte, voilà, j'ai une porte de sortie comme dans la caverne de Platon », tu aurais pu maintenir une sortie, tu aurais pu maintenir une issue de secours. Non, ce que j'ai aimé, c'est que tu as assumé un choix radical sans le vouloir ou en le voulant, je ne sais pas, d'une obscurité totale et tu as dit : « Même la porte, je n'en veux pas. » Donc je me suis dit que, philosophiquement, le choix était audacieux. Le choix était audacieux et ça m'a fait plaisir. Maintenant, on en est là. On en est là avec un Jean-Mickaël qui, j'ai relu la retranscription, et je me suis dit, surtout sur la fin, que tu ne voulais pas avancer et que tu ne voulais pas faire confiance au potentiel du labyrinthe et au potentiel de l'exercice. Ça, c'est la première chose. La deuxième, c'est qu'on avait dit aussi, au cours de la dernière séance, qu'il y avait un labyrinthe abstrait qui se mettait en place, c'était le futur, en fait, l'intrusion du futur dans la mémoire ou dans le passé qui produisait cet effet labyrinthique.

JMB : Oui, c'est vrai.

AG : Qui était une piste qu'on pouvait explorer ou qu'on devait même peut-être explorer cette fois-ci. Je te laisse maintenant la parole et, donc, essaye de te replonger dans la situation dans laquelle tu te trouvais, ou alors dis-moi que tu veux exploiter, avant même d'envisager d'avancer, ce labyrinthe qui t'est plus personnel peut-être, plus abstrait, en tout cas plus conceptuel, d'un passé qui se voit, en rencontrant le futur, c'est-à-dire dans la présence… ; le présent génère, en fait, le conflit, ou le contact du passé et du futur génère dans le présent l'état du labyrinthe. C'est un peu ce que tu disais.

JMB : Oui.

AG : Donc, voilà, je t'écoute.

JMB : Là, je suis arrivé, en plus, sans aucune…, je suis arrivé l'esprit vierge de tout labyrinthe donc. (*Rire.*) C'est un peu compliqué.

AG : Bon, on va essayer de se replonger à l'intérieur.

JMB : Ça va être difficile de démarrer mais ça va repartir, euh…, il y a effectivement un labyrinthe qui ne comporte pas forcément de porte d'entrée comme je l'ai déjà peut-être dit…

AG : Il en avait une! Mais en te retournant, elle avait disparu. C'était ce que j'ai appelé « la boite de nuit », c'était l'entrée de la boîte de nuit. Tu es entré… Ah oui, tiens! Il y a aussi une chose qui m'a intéressé, on va peut-être partir là-dessus pour te faciliter la tâche, pour se replonger un peu dans tout ce que tu as dit. Tu m'as dit : « On peut y rentrer de n'importe quelle manière, vêtu… », en fait, j'avais un peu…

JMB : L'entrée *McDonald's*.

AG : Voilà. J'avais un peu eu du mal à savoir ce que tu entendais par « n'importe quelle manière », mais ce n'était pas tant l'entrée qui prenait toutes les apparences possibles, c'était que tu pouvais venir vêtu, pour le dire simplement, comme tu voulais. Et tu as dit : « Même nu ». Tu as dit à un moment : « Même nu ». Alors j'aimerais avoir des précisions là-dessus, parce qu'elle n'est pas innocente, on ne dit pas, ce n'est pas un mot innocent, « nu » n'est pas un mot innocent. Surtout quand on se présente à une entrée de boîte de nuit ou une entrée de quelque chose… « Même nu », et surtout qu'on avait relevé aussi ce paradoxe, à savoir cette liberté… Alors le paradoxe, j'ai un peu du mal à me le remettre en tête mais… cette espèce de liberté que tu attendais au niveau de l'entrée, ou que tu proposais au niveau de l'entrée, entrait en contradiction avec je ne me souviens plus quoi, avec quoi ? L'effort que tu faisais pour… non ? Il y avait un paradoxe, je ne m'en souviens plus vraiment.

JMB : L'étroitesse du chemin ?

AG : Non, non, non! L'étroitesse, c'était après. C'était la grande entrée qui effectivement entrait en contradiction avec l'étroitesse d'un chemin dont, d'ailleurs, tu ne touchais jamais les bords.

JMB : Oui.

AG : Je ne me souviens plus de ce paradoxe. Je me souviens juste qu'il y en avait un, que tu insistais sur le fait qu'on pouvait rentrer de n'importe quelle manière… Bon, je le retrouverai, en fait, en re-regardant la retranscription de la dernière fois. « Nu! », pourquoi nu ?

JMB : Pourquoi nu ?

AG : Pourquoi cette précision ? Je veux dire : est-ce que ça a une importance de pouvoir rentrer nu dans le labyrinthe ? Et est-ce que « nu » comporte un sens métaphorique ou pas ?

JMB : Pour moi, oui, c'est plutôt un sens métaphorique. Ça serait plutôt l'image d'un penseur qui viendrait l'esprit dénué de…, une sorte d'esprit vierge, comme ça, de pensée vierge.

AG : Innocent.

JMB : Non actualisée, non…, avant l'entrée dans le labyrinthe…

AG : Et tu penses que c'est la meilleure façon d'y entrer ?

JMB : Non, ce n'est pas la meilleure façon d'y entrer, c'est *une* des façons d'y entrer.

AG : Et pourquoi l'avoir précisée alors ?

JMB : Pourquoi l'avoir précisée ?…

AG : Si ce n'est pas la meilleure, si c'est une parmi d'autres, pourquoi s'être donné la peine de donner cette précision ?

JMB : C'était à titre d'exemple, pour montrer la…, pour montrer les…, pour illustrer toutes ces manières d'y entrer. C'était juste une illustration.

AG : Et cette illustration – j'insiste un peu dessus, je ne la laisse pas filer quand même –, il semble évident qu'une nudité de pensée ne saurait être un frein pour rentrer quelque part. Je réitère la question : pourquoi l'avoir précisée ?… Quand j'ai entendu l'enregistrement, tu le dis au dernier moment, tu le dis un peu comme un point, tu sais, un point d'orgue, quelque chose, le moment de la signification en fait, « nu », ce n'est pas…, tu donnes tes différentes possibilités et, tout d'un coup, tu dis : « nu », la dernière. Donc, on a l'impression, ça résonne différemment. On a l'impression que, quand même, ça à un sens, que ce n'est pas juste un exemple parmi d'autres.

JMB : Cette personne-là ne devrait pas avoir peur d'y rentrer, même nue. Si cette entrée lui est accessible…

AG : Et pourquoi aurait-on peur de rentrer dans

l'intériorité… nu ?… Est-ce que ça comporte un risque, est-ce qu'il est plus dangereux, est-ce qu'effectivement, quand on s'affronte à l'intériorité, il vaut mieux être…, avoir… Encore une fois, la représentation de l'intériorité chez Platon, la caverne, il y a tout un système qui est en place à l'intérieur. Ce n'est pas une véritable intériorité, il y a un système de projection qui a été mis en place, il y a tout un appareillage qui est là et qui protège les prisonniers de l'obscurité totale. Parce que ça ne fonctionne que grâce à ça, parce que les prisonniers, plongés dans l'obscurité totale de la caverne, ça serait une autre histoire! Une autre histoire. L'histoire dans laquelle tu te trouves toi. Donc, est-ce qu'il vaut mieux effectivement affronter l'intériorité avec un système, une structure qui nous protège, ou est-ce que, parce que tu dis : « nu », mais alors regarde la situation dans laquelle tu t'es mis : supposons, tu le mets en point d'orgue, tu rentres nu, sans précautions, non protégé, innocent, vierge. Tu fermes la porte, tu n'as plus de sortie, etc., et tu es dans une obscurité totale. Dans une situation qui t'est difficile à vivre, hein ? tu l'as dit toi-même, tu ne sais pas quoi faire. Alors je veux bien que philosophiquement, ce n'est même pas que je veuille bien, j'admire philosophiquement ce que tu as fait, mais comment va-t-on s'en sortir ? Les prisonniers, dans la caverne, ils ont leur cinéma. Et plus, mieux que ça, ils ont même une sortie sur le réel qui leur a été ménagée par Platon. Une issue de secours. Mais nous, on n'a pas d'issue de secours, on n'a pas les appareils de projection, on pourrait avoir une lampe torche, on pourrait avoir quelque chose, on n'a rien! On a Jean-Mickaël, nu, dans le labyrinthe ou, en tout cas, une voie étroite dont il ne cerne pas, ou, en tout cas, dont il ne sent pas les contours, et pris dans une obscurité totale. Dans un état de confusion absolue.
JMB : Effectivement.
AG : Alors on peut rester là pour l'éternité! Tu peux dire : « Le labyrinthe, c'est ça. L'intériorité de Jean-Mickaël, c'est

ça. » Une immobilité, une immobilité. Un état de confusion. Une impossibilité à déterminer une structure quelle qu'elle soit. La conscience de l'étroitesse d'une voie, mais d'une voie que tu ne veux, de toutes façons, pas suivre. Ou, en tout cas, que tu ne peux pas suivre. Que tu ne peux même pas prendre. Tu pourrais faire le choix, ou je peux le faire pour toi, d'allumer une bougie, peut-être, d'éclairer un peu cette confusion et essayer d'avancer. En fait, on est un peu, là, dans la situation où on en était resté la dernière fois. Mais attention, tu as aussi des possibilités externes, tu as la possibilité d'enclencher l'autre labyrinthe, celui dont on a parlé avant, c'est-à-dire le labyrinthe du présent, de la rencontre entre passé et futur.

JMB : Je vais plutôt aller vers ce labyrinthe-là, celui du présent.

AG : Mais il faudra y revenir à celui-ci, parce que, je suis désolé de te le dire, c'est ton véritable labyrinthe. Celui du passé, du jeu entre passé et futur n'est qu'un exercice conceptuel. Tu pourrais me dire que l'exercice du labyrinthe est lui-même un exercice conceptuel, sauf qu'il est l'exercice de ton intériorité envisagée intellectuellement. Alors que là, ce que tu me donnes, c'est un exercice conceptuel. Alors je veux bien t'écouter sur ce labyrinthe de passé et de futur, mais tous les efforts que je ferai, moi, c'est de te ramener à la réalité de ton état de confusion…

JMB : … de la dernière séance.

AG : Mais bon, allons-y.

JMB : …

AG : Qu'est-ce que tu as dit ?

JMB : Que je ne savais pas par où commencer.

AG : Oui. Le labyrinthe…, on sait généralement par où commencer quand on rentre dans un labyrinthe. C'est une fois qu'on est dedans qu'on ne sait plus où aller. Donc, j'ai envie de dire que la question n'est pas de savoir par où commencer. Tu es dans le labyrinthe si tu ne sais pas par où commencer. Tu y es. Eh bien, vas n'importe où! parce que si tu n'étais pas déjà dans le labyrinthe, tu saurais par où commencer. Donc tu es dans le labyrinthe, et donc va n'importe où. Et fais-moi confiance, je t'aiderai à avancer autant que je peux. Autant que faire se peut. Ah, petite question aussi!

JMB : J'aime bien les questions, je préfère.

AG: Oui, tu préfères, je le vois. À un moment, la dernière fois, j'ai parlé espagnol – je crois que c'était de l'espagnol, je ne parle pas vraiment espagnol –, j'ai dit : « *Que pasa ?* » et tu as répété « *Que pasa ?* », mais tu as ajouté quelque chose qui ressemblait à « *que meniosa* », ou quelque chose comme ça.

JMB: Non, je ne parle pas espagnol du tout.

AG : Ou « *que miniosa* », ou quelque chose comme ça.

JMB : Je ne me souviens plus de ce que j'ai dit alors.

AG : C'est incroyable…, c'est impossible! Il y a l'enregistrement, je ne l'ai plus. Quoique je l'ai peut-être encore quelque part. Tu dis « *Que pasa ?* », je dis « *Que pasa ?* », tu répètes « *Que pasa ?* », et ensuite, juste à la suite, tu dis de manière très distincte : « *Que miniosa ?* » J'ai essayé de taper *que miniosa*, je ne trouve pas ce que ça veut dire ; mais qu'est-ce que tu as pu vouloir dire à ce moment-là ? Tu ne t'en souviens pas du tout ?

JMB : Euh si, je me souviens à peu près. Je ne me souviens plus du mot qu'on cherche mais je me souviens d'où l'idée provenait en tous les cas. J'ai un collègue cubain actuellement…

AG : Oui ? Donc c'est lui qui doit dire quelque chose comme ça.

JMB : …, et il m'a appris un truc à répondre là-dessus, enfin j'imagine en tous les cas…

AG : Et tu ne t'en souviens plus.

JMB : Je ne me souviens plus. Alors la dernière fois c'était tout frais, et donc c'est ressorti dès que tu as dit *que pasa*, j'ai dit la suite de…

AG : Qu'il t'avait apprise, ou en tout cas qu'il t'avait donnée.

JMB : Qu'il m'avait donnée.

AG : Et ce collègue cubain, il existe encore ou pas ?

JMB : (*Rire.*) Oui, il a toujours une existence.

AG : Non, mais ce que je veux dire, tu le fréquentes, tu le vois encore ?

JMB : Oui, je le vois encore.

AG : Tu pourras lui demander cette réponse ?

JMB : Oui, je peux, oui.

AG : Et tu me l'enverras pas texto.

JMB : S'il arrive à saisir ce que…

AG : Eh bien, tu lui rappelles : « *Que pasa* , tu m'avais dit *que pasa,* on dit quelque chose après, *que pasa, que meniosa.* »

JMB : Il y a un truc derrière.

AG : *Que meniosa,* retiens bien, *que meniosa,* ça sonnait comme ça, *que meniosa.*

JMB : D'accord.

AG : Après, qu'est-ce que ça veut dire ? j'en sais rien.

JMB : D'accord.

AG : Voilà, c'était une petite précision que je voulais te demander. Donc, on en est où ? Oui, tu ne sais pas par où commencer. Eh bien, c'est bien, c'est qu'on est toujours dans le labyrinthe, c'est bon signe.

JMB : (*Rire.*) Non, c'est pas bon signe du tout!

AG : Eh bien si, c'est bon signe!

JMB : Ah non, c'est pas bon!

AG : Si, c'est bon! je vais t'expliquer pourquoi : *à partir du moment où tu seras convaincu d'y être.* Tu seras convaincu d'y être, je pense, quand tu auras commencé à en élaborer véritablement la structure, et à en assumer la structure, quelle qu'elle soit. De quelque nature qu'elle soit. On sera dans une situation fantastique parce qu'on saura, et *tu* sauras. Parce que, là, je t'affirme que tu y es, mais de manière encore un peu extérieure. Quand on aura les linéaments ou les premières étapes de ce labyrinthe, on aura quelque chose d'assez fantastique, c'est de pouvoir se poser la question, après, c'est : comment chercher la sortie ? Comment en sortir ? Et là, le voyage pourra vraiment se faire. Mais tant qu'on n'est pas convaincu d'y être rentré, parce que tu n'es pas convaincu, malgré l'obscurité de la dernière fois et la confusion, et malgré, là, le fait que tu ne saches par où commencer, tu n'es pas encore authentiquement convaincu d'être dans le labyrinthe. Pourtant tu en as des signes. Donc, essaye de, je t'ai dit, plutôt que de savoir par où commencer, contente-toi de bouger. Je dis bien de bouger, je n'ai pas dit d'avancer. Il serait peut-être temps, Jean-Mickaël, de faire confiance à ton intuition quelque peu, au lieu d'essayer de contrôler à l'avance. Ça, c'est quelque chose de paradoxal aussi, ce que tu m'as dit la dernière fois, tu m'as dit : « Je n'aime pas la logique », « Je n'aime pas la logique mais je ne lis que des ouvrages de logiciens, de philosophes, qui sont des maîtres en logique, et quand on me demande, quand on me pose la question, justement, d'avancer dans la confusion, je n'y arrive pas. » Pourtant tu devrais être heureux, puisque là, la logique ne t'aide pas. Elle n'est plus là en support. Et qu'est-ce que tu fais à ce moment-là ? Tu es bloqué. Moi c'est ce paradoxe que je relève : « Je n'aime pas la logique mais, en dehors de la logique, je suis perdu. » Qu'est-ce que tu fais alors ?

JMB : La logique dont tu parles, ça suppose des règles.

AG : Oui, attends, des règles simples ! Quand je parle de logique, je ne parle pas d'une logique de type mathématique ou autre, je parle simplement d'une cohérence du propos.

JMB : Mais en vertu des propos précédents, enfin toujours…

AG : Même Montaigne tient des propos cohérents. Montaigne écrit de manière cohérente. Il ne se laisse pas guider par son intuition, par sa libre inspiration, il ne se laisse pas guider par les Muses, ce n'est pas un poète, c'est un logicien. Il suit, il a un propos rationnel, cohérent, logique. Et ça ce sont, je ne dirais pas tes modèles, mais en tout cas tu aimes les fréquenter, ces penseurs. C'est bizarre pour quelqu'un qui n'aime pas la logique. Alors, à quelle logique fais-tu référence dans ce cas-là ? Tu me dis que la logique présuppose des règles, des règles de cohérence, sur lesquelles on s'entend, tous, les règles du discours, la rationalité. Ce sont ces règles que tu n'aimes pas ou parlais-tu d'une autre logique ?

JMB : Vous pensez vraiment que ces règles, elles sont connues de tous ?

AG : Si elles n'étaient pas connues de tous, nous ne pourrions pas communiquer rationnellement. Le fait que tu puisses me suivre dans ma pensée, et que je puisse te suivre dans la tienne, présuppose que nous obéissons à des règles et que donc nous les connaissons. Que nous suivons des règles – je ne vais pas dire « obéir » –, que nous suivons des règles dont nous avons une connaissance, en tout cas que, voilà, même si cette connaissance, euh…

JMB : Est-ce qu'on peut échouer à suivre ces règles ?

AG : On peut effectivement. Certaines logiques ont des cohérences qui échappent. Tu peux avoir quelqu'un qui s'exprime de manière rationnelle selon lui, et toi tu ne parviens pas à le suivre. Et là, tu vois bien qu'il y a une logique derrière parce que justement tu ne la saisis pas. Tu ne comprends pas comment il passe d'une proposition A à une proposition B, selon quelles règles d'inférence.

JMB : C'est ce qui se passe là.

AG : C'est ce qui se passe là ?

JMB : Oui.

AG : Pourquoi ?

JMB : C'est ce qui se passe dans notre labyrinthe.

AG : Pourquoi ?

JMB : C'est que je n'ai plus du tout le même, euh … Ces règles rationnelles, je ne les partage pas ou je ne les comprends pas. Et je n'arrive pas à me…, j'en maîtrise pas la technique.

AG : La manière dont ça fonctionne ?

JMB : Oui.

AG : De quelles règles parles-tu ?

JMB : Les règles du…

AG : Ce qui se passe à l'intérieur du labyrinthe ?

JMB : Oui.

AG : Mais là, justement, (*Rire.*), à l'intérieur du labyrinthe, il n'y a pas forcément de cohérence. D'ailleurs, tu l'as dit toi-même, on est dans la confusion. Il est normal que tu ne les maîtrises pas. Moi-même, je ne maîtrise absolument pas la progression logique du labyrinthe. Je ne pourrais découvrir la logique du labyrinthe, s'il y en a une, et il doit y en avoir une, qu'en te suivant, qu'en avançant avec toi. Pour ça, il faut que tu projettes, que tu produises le labyrinthe.

JMB : Si je rapporte le labyrinthe au langage et s'il y a une rationalité du langage qui permet de communiquer, qui permet de partager…

AG : Mais, dans le labyrinthe, elle ne fonctionne pas! Tu l'as vu, justement tu le dis : « Dans mon labyrinthe…

JMB : …, ça ne fonctionne pas. »

AG : Elle ne fonctionne pas. Donc, il va falloir trouver un moyen, autre chose, quelque chose pour avancer, pour le découvrir.

JMB : Comment puis-je trouver ce moyen-là, si la possibilité d'utiliser un langage conceptuel est réduite à une sorte d'échappatoire, à quelque chose qui n'obéit pas vraiment à la règle ?

AG : À quelque chose qui est comme un regard du dessus, quand on observe un labyrinthe, comme un jeu ou comme un objet, un jouet.

JMB : Une vision de surplomb ?

AG : Oui, une vison de surplomb, qui surplombe. Effectivement le langage conceptuel est…, mais tu dis que non. Vas-y, je t'écoute.

JMB : Non, ça serait plutôt une vision de – je joue sur les

mots –, mais une vision de côté, une vision…

AG : Parallèle.

JMB : Synoptique.

AG : Synoptique ?

JMB : Oui.

AG : Donc, si tu dis synoptique, ça veut dire qu'elle embrasserait la totalité du labyrinthe.

JMB : La totalité de ce que je suis capable de jouer comme coups dans ce labyrinthe.

AG : Et cette vision tu la possèdes ?

JMB : Je ne possède que les coups que je sais jouer. Je ne peux pas penser les coups que je ne sais pas jouer.

AG : Et là, alors, est-ce qu'il est possible dans le labyrinthe, en tout cas dans la situation dans laquelle tu t'es trouvé la dernière fois, c'est-à-dire dans cette obscurité, de jouer un coup ?

JMB : Non. Si j'applique, si je m'applique à rester dans ce que détermine l'usage de mes mots dans ce labyrinthe-là, le labyrinthe qu'on a vu la dernière fois…

AG : Alors ce qu'on va faire, si tu veux bien… ; tu ne peux pas quoi ?

JMB : Je ne peux pas sortir.

AG : Tu ne peux pas sortir. Mais tu peux bouger, ou pas ?

JMB : Même pas.

AG : Et si je te le demande, de bouger ? Si je te demande de commencer à avancer et d'allonger la main, pour déjà toucher la paroi et me dire quel contact il y a avec cette paroi étroite ?

JMB : Il n'y en a pas. Et pourtant c'est étroit. C'est étroit mais il n'y a pas de contact.

AG : C'est-à-dire que quand tu touches, la main, tu rencontres quoi ?

JMB : Il n'y a pas de matérialité dans cette étroitesse-là.

AG : Eh bien, tu vois qu'on avance. Tu dis qu'il n'y a pas de langage, il n'y a pas de logique, eh bien, là, on est effectivement dans une situation où la logique échoue. Tu dis qu'il y a une étroitesse mais qu'elle n'est pas d'ordre matériel, c'est ça ?

JMB : Oui.

AG : Donc elle est d'ordre quoi, intellectuel ?

JMB : Mais le labyrinthe se veut d'ordre matériel.

AG : Oui.

JMB : Il fallait une porte en…, une porte en métal.

AG : Oui, mais maintenant on est dedans, et tu dis que dedans, l'étroitesse de la voie n'est pas d'ordre matériel.

JMB : L'étroitesse de la voie, non, la dernière fois, n'était pas de l'ordre matériel, non.

AG : Elle est d'ordre quoi ?

JMB : J'aurais du mal à reprendre cette…

AG : Moi j'y suis dessus, ne t'en fais pas. Tu disais simplement que la voie, par comparaison avec l'entrée, était, elle, au contraire, étroite.

JMB : Oui.

AG : Mais quand je te le demandais, il n'y avait pas moyen de savoir comment tu vérifiais cette étroitesse. Et tu me dis, là, aujourd'hui, que cette étroitesse n'est pas vérifiable matériellement, qu'elle est d'ordre intellectuel, spirituel, c'est ça ?

JMB : Oui, plus proche de ça.

AG : Plus proche ou au contact avec ça ?

JMB : Au contact avec ça.

AG : Donc, ton labyrinthe, tu es à l'intérieur d'une structure étroite, en tout cas d'une voie, pour l'instant, étroite, d'ordre spirituelle. De nature spirituelle, c'est ça ?

JMB : Oui. Mon labyrinthe, si je peux…

AG : Pourquoi est-ce que tu ne pourrais pas ?

JMB : Parce que ce n'est pas moi, c'est pas moi… (*Rire.*) Mon labyrinthe, c'est ça. Ça, c'est le passé ; ça, c'est le futur.

AG : Attends. Mets-moi un P pour passé et un F pour futur, s'il te plaît.

JMB : Le passé est là. Le futur serait là.

AG : Oui, j'ai compris.

JMB : Et là, il y a le petit présent :

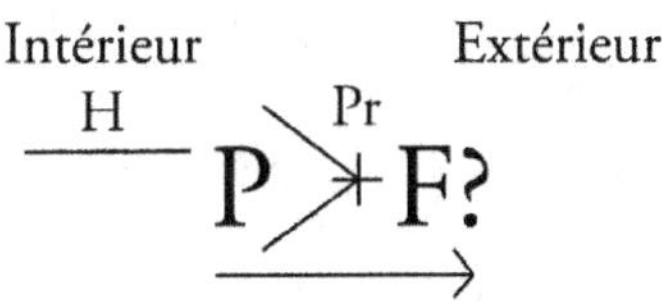

AG : Donc, il y a un rétrécissement quasi absolu, hein, on arrive au point. Le point en géométrie, tu sais que le point n'a aucune épaisseur, il est, pourrait-on dire, infiniment petit.

JMB : C'est bien un paradoxe.

AG : Oui, c'en est un. Mais on ne va pas faire de géométrie. L'étroitesse de la voie, je la comprends mieux maintenant. En fait tu te trouves là (*Indiquant avec le doigt.*), derrière la porte de la boîte de nuit…

JMB : Moi, je suis toujours là, moi.

AG : Tu es toujours là mais on est derrière la porte de la boîte de nuit aussi. Les deux conceptions du labyrinthe se rejoignent.

JMB : D'accord.

AG : Tu es là. C'est rigolo, tu vois, c'est pour ça que je t'ai dit aussi la dernière fois : « Dis n'importe quoi! » Quoique tu dises, tu diras, encore une fois, toujours la même chose. Comme quand je parle du rapport entre les anciens et aujourd'hui. Tu peux dire n'importe quoi, tu diras la même chose. On se retrouve dans une situation identique, en fait, immobile…

JMB : Ce n'est pas de l'immobilisme. Enfin pour moi, en tous les cas.

AG : Tu sais, regarde, j'ai un peu l'impression que le paysage, peut-être, bouge mais que toi tu es immobile dans le train.

C'est-à-dire que, effectivement, ça, ça avance, que le passé pousse sans arrêt, ou le futur, je ne sais pas qui pousse, d'ailleurs. Mais si je suis le sens de la flèche, dans cette rencontre, on a l'impression que c'est le passé qui pousse vers le futur, plutôt que le futur qui vient vers le passé.

JMB : Le futur n'existe pas.

AG : Le futur n'existe pas ? Alors pourquoi avoir fait un « F » ?

JMB : Enfin, non, je veux dire, pourquoi « non » ?… Le futur on ne le connait pas et on ne peut pas…

AG : Mais c'est lui qui produit le rétrécissement du passé.

JMB : Non.

AG : Eh bien alors, pourquoi avoir fait cette forme ? Tu me fais une figure, honnêtement, qui me permet…, d'ailleurs je vais la garder, je vais l'intégrer…

JMB : Elle est très bien cette figure.

AG : Elle est *très très* bien. Qui me permet de comprendre le rétrécissement par rapport à la porte d'entrée…

JMB : Et la largesse de l'entrée.

AG : La « largesse » de l'entrée et l'état dans lequel tu te trouves, d'immobilité, où, effectivement, tu es dans la confusion parce que les possibilités se sont énormément réduites. Et là tu me dis « non ». Tu me dis non à quoi ?

JMB : À la réduction des possibilités.

AG : Voilà. Alors, c'est ça que je ne comprends pas. Pourquoi avoir fait cette flèche ?

JMB : Ce qui est marrant, c'est que c'est lu comme une flèche.

AG : Et toi, tu vois quoi ?

JMB : Oui, ça peut être lu comme une flèche.

AG : Oui, oui, mais toi, tu vois quoi ?

JMB : Moi je vois…, non, pour moi, ça ne représente rien. Ça ne représente pas, je ne peux pas lui attribuer un vocable qui…

AG : Qui correspondrait ?

JMB : … qui soit autre chose qu'une abstraction. Ça c'est une abstraction, ce n'est pas une flèche.

AG : C'est une abstraction et elle caractérise quoi cette abstraction ?

JMB : D'autant plus que quand on pense à une flèche, on pense aussi à la flèche, et avec, le temps…

AG : À la flèche du temps, oui.

JMB : …, à l'avancement, enfin il y a toutes ces choses-là qui…

AG : Et toi tu n'y a pas pensé puisque tu as dit que tu rentrais nu, toi, c'est ça ?

JMB : Eh bien, je préfère rentrer tout nu, oui.

AG : Et ça, c'est quoi alors, c'est ton état, c'est quoi ? Je veux dire, c'est ton état au niveau intellectuel ? C'est ton état conceptuel ?

JMB : Conceptuel dirons-nous. Oui, mon état conceptuel. Le passé, alors ça, c'est le passé, mais ce n'est pas…, c'est le passé le plus proche, le plus proche de nous, le plus concomitant, mais c'est aussi le passé le plus lointain. En fait, tout ça, ça serait une trajectoire. Tout ça, c'est une histoire, en fait.

AG : Mais qui ne suit pas la flèche du temps. Pourtant on en a l'impression, là, quand on voit ça.

JMB : C'est une somme plutôt. C'est une somme de…, on va dire, d'expériences. C'est une somme d'expériences. Et ce point, là, peut sembler immobile, ne fait que regarder, ne fait que capturer ces expériences-là.

AG : Ces échos du passé ?

JMB : Oui. Mais ça n'est pas limité qu'à ça.

AG : Qu'est-ce qu'il y a en plus ?

JMB : Il y a en plus tout ce qui n'appartient pas… Non, oublions ça! C'est limité à ça. Non! non! c'est limité à ça. Je me suis trompé, c'est limité à ça. Ça n'est limité qu'à ça, voilà, il n'y a rien de plus.

AG : Il n'y a rien d'autre ?

JMB : Il n'y a rien d'autre.

AG : Et pourquoi est-ce que ça produit un état de labyrinthe ? Parce que là je vois une figure qui est sympathique mais je ne vois pas de labyrinthe.

JMB : Ça, le présent, c'est le résultat de l'histoire, comment dire ça ?… Si vous voulez, c'est l'idée que 1+1 font 3. Si je prends deux expériences, ici…

AG : Deux expériences, de quelqu'un et de quelqu'un d'autre, d'une personne et d'une autre ?

JMB : De moi.

AG : Ah! deux de tes expériences. Parmi tes expériences, tu en choisis deux, tu en prends deux, oui ?

JMB : Oui. Eh bien, ces deux-là ne font, enfin, ce 1+1 ne ferait pas deux, il créerait une troisième personne : le présent actuel.

AG : Si je prends deux expériences que tu as vécues – je ne vais même pas demander d'exemples –, la somme de ces expériences…

JMB : Ce n'est pas deux choses distinctes mais c'en est une troisième nouvelle.

AG : Donc elles sont productrices, il y a elles qui se maintiennent comme expériences, mais elles produisent en plus quelque chose d'autre, ce fameux trois ?

JMB : En fait, c'est toujours le présent qui se surajoute au passé.

AG : Mais en créant quelque chose d'autre.

JMB : Qui se crée, pour le coup, de nouveau. Le futur, c'est ça. Si vous voulez, le futur, c'est ce présent-là qui, capturant le passé…

AG : Génère le trois.

JMB : Génère le troisième, le futur, on va dire.

AG : Qui en capturant le deux devient le trois.

JMB : Oui.

AG : Tu dirais que le futur, en fait, c'est le présent qui s'actualise ?

JMB : C'est ça.

AG : à partir du passé ?

JMB : Exactement.

AG : Et pourquoi est-ce que ça génère une situation de labyrinthe cette petite « chimie » conceptuelle ?

JMB : Pourquoi est-ce que ça génère une situation de labyrinthe ?

AG : Parce que c'est bien de ça dont il est question, non ?

JMB : Oui.

AG : En tout cas dans cet exercice.

JMB : Pour l'instant le labyrinthe est simple, enfin, il a l'air simple. Qu'est-ce que je vais pouvoir rajouter à ça, pour complexifier un petit peu plus…

AG : Pas complexifier forcément! Interroge-toi déjà sur pourquoi parler d'un labyrinthe face à cette conception des choses, ou plutôt de l'individu.

JMB : La difficulté étant de ramener la pluralité des expériences à l'unité dans le présent.

AG : Et c'est cette difficulté-là qui produit le labyrinthe ? Le labyrinthe naîtrait de la difficulté à ramener la pluralité à la présence, à l'unité de la présence ?

JMB : Après il y aurait des outils qui permettraient de confronter justement cette…

AG : Quel genre d'outils ?

JMB : Des outils qui permettraient de vérifier si ce qui s'est maintenant actualisé dans ce présent-là est utile et nécessaire aux prochaines expériences qui vont m'être présentées.

AG : Et quel genre d'outils ?

JMB : Des outils…, je ne sais pas, peut-être de l'ordre…

AG : Les livres, les autres philosophes ?

JMB : Non, plus conceptuel, plus philosophique, plus empirique, rationnel. Des outils comme tous les philosophes ont créé des outils, enfin des abstractions en tous les cas.

AG : Des ?

JMB : Des abstractions.

AG : Des abstractions empruntées aux modèles philosophiques ?

JMB : Oui.

AG : Oui ?

JMB : Oui. Des, des…

AG : Qui te permettraient de prendre quelque peu le contrôle sur l'alchimie de ton présent.

JMB : Une sorte d'imagination qui permettrait de penser cette actualité-là.

AG : Cette actualisation ?

JMB : Oui.

AG : Qui est en train de se faire ?

JMB : Oui. Pour penser mon actualité j'ai besoin de choses qui soient…

AG : De pensées extérieures ?

JMB : Un peu plus dégagées du langage et des règles, justement, de communication, des règles admises.

AG : Oui, sauf que tu empruntes les outils des penseurs qui eux utilisent le langage et en plus la logique de manière particulièrement maîtrisée.

JMB : Ils utilisent un langage mais je pense qu'ils nous invitent aussi à modifier cet instrument qu'est le langage, comme la science modifie ses instruments pour améliorer ses…

AG : Moi, par rapport à ce que tu as dit, que je trouve assez intéressant, j'ai du mal encore à percevoir où se situe le labyrinthe, quoique… Tu m'as dit, alors, est-ce que tu as accepté l'idée que le labyrinthe, en fait, se situait dans la difficulté de ramener à l'unité de la présence la diversité des expériences passées ? Est-ce que tu as accepté cette idée ?

JMB : C'est une des difficultés.

AG : Une des difficultés. Après, tu me dis que tu utilises des outils méthodologiques empruntés à des penseurs philosophiques et que la finalité de ces outils, selon toi, est d'évoluer…

JMB : Oui.

AG : … avec l'évènement en train de se produire, c'est-à-dire ton actualisation.

JMB : De les faire évoluer, oui.

AG : De les faire évoluer, au moment même, on va dire, de ta mise en présence ou de ta « présentation ».

JMB : Oui.

AG : J'ai un petit souci que j'aimerais que tu m'expliques. Tu m'as dit que la confluence, si je me reporte un peu à ta figure, où, en tout cas, la rencontre des expériences passées produisait, en plus de celles-ci, quelque chose d'autre. Là, tu ne m'as parlé que d'unifier les expériences passées, mais qu'est-ce que tu fais de ce qu'elles génèrent ? De cet autre qu'elles génèrent, que tu appelles justement la présence ? Le trois, qu'est-ce que tu fais du trois ? Tu ne m'as pas parlé du trois.

JMB : Ça veut dire quoi « qu'est-ce que je fais du trois ? »

AG : Tu m'as dit que deux expériences passées généraient un trois qui était, justement…

JMB : Pour caricaturer, oui.

AG : Caricaturer…

JMB : Non, parce que c'est un peu…

AG : … ou donner une métaphore, une représentation métaphorique… ; généraient un trois, c'est-à-dire un autre, et ne produisaient pas le résultat rationnel escompté. Tu m'as dit ensuite qu'une partie du travail consistait à rassembler ou unifier la diversité des expériences passées. Mais tu ne m'as pas parlé de ces productions résultant de l'actualisation, ce que j'appelle les « trois ». Qu'est-ce que tu en fais ?

JMB : Eh bien les « trois », c'est la nouveauté, c'est la…

AG : Mais ton travail, pour redescendre un peu dans le concret, consiste-t-il uniquement à unifier le passé ou est-ce que tu tiens compte de la nouveauté ? Est-ce que tout le travail de Jean-Mickaël, dans son labyrinthe, consiste uniquement à essayer de faire le lien, de saisir la cohérence et d'unifier son passé, ou est-ce qu'il travaille également sur ce que le présent s'actualisant produit de nouveauté ?

JMB : Il est lui-même la nouveauté, il ne produit rien de nouveau, en fait.

AG : Et ce trois, alors ?

JMB : Le trois c'est lui-même, c'est la capture des expériences passées.

AG : Mais, dans ce cas, pourquoi est-ce que tu ne dis pas juste : « 1+1=2 », c'est-à-dire ne produit rien en lui-même de significatif ?

JMB : C'est vrai. (*Rire.*) Mais, voilà, c'est ça.

AG : Eh bien, alors là, tu recules, tu fais un peu marche arrière, tu dis quoi ? Tu dis : « Voilà, ce qu'on va appeler ici la présentation, un mélange de présence et d'actualisation, n'est que le simple résultat de la somme des expériences passées. »

JMB : Oui.

AG : Elle ne produit rien d'autre.

JMB : Oui.

AG : Donc le trois vient de disparaître, c'est ça ? Elle ne produit pas d'altérité, c'est-à-dire qu'elle ne génère pas par elle-même. Donc, ça me fait quoi, ça me fait quand même, permets-moi de te le dire, un Jean-Mickaël qui considère, dans son labyrinthe, c'est-à-dire dans son intériorité, au niveau de sa représentation des choses, que seul le passé est signifiant, pour ce que tu es présentement. Seul le passé fait sens.

JMB : Ce sont des expériences, le passé.

AG : Seules les expériences du passé font sens.

JMB : Oui.

AG : Donc tu n'attends rien. D'ailleurs tu l'as dit, que le futur n'existait pas. Tu vois, tu me l'as dit et tu m'as dit autre chose aussi, tu as pu entrer dans le labyrinthe. PAP! PAP! Je ne sais pas ce qui s'est passé, il y a eu une coupure.

JMB : C'est l'appel qui a…

AG : C'est l'appel qui a tout dérangé ?

JMB : Je pense que… Il ne s'est pas passé grand-chose depuis l'appel.

AG : Pourquoi est-ce que ça marque en rouge, maintenant ? Bon, on verra. On verra. Bref, on en est où ? Est-ce que tu acceptes ta situation du labyrinthe ou pas ?

JMB : Ma situation de ne pas vouloir avancer vers un futur…

AG : Non. Est-ce que tu acceptes l'idée que ta représentation ici qui est donnée comme ça visuellement, graphiquement, est une expression du labyrinthe ou pas ?

JMB : Oui.

AG : Pourquoi ?

JMB : (*Rire.*)

AG : Ah oui ?

JMB : Le couperet, la guillotine!

AG : Parce que c'est bien beau de dire oui mais encore faut-il…, parce que moi je ne comprends pas, il n'y a pas concordance, si tu veux, de mon monde et de ton monde. C'est-à-dire que la seule chose que j'ai pu comprendre, c'est que le labyrinthe se situait dans la difficulté à rassembler dans l'unité de la présence la diversité des expériences passées. C'est tout ce que j'ai pu comprendre. Et je ne suis même pas sûr d'avoir compris quelque chose qui traduisait ce que tu voulais dire. Donc c'est pour ça que je te demande de m'expliquer en quoi il s'agit ici d'une situation de labyrinthe. Je remarque aussi autre chose, c'est que tu t'es débarrassé bien facilement du côté, ou de la qualité matérielle du labyrinthe.

JMB : Je suis pas trop matériel.

AG : Plus que ça, tu refuses même la matérialité.

JMB : Oui, ça m'est très difficile de penser maintenant en termes matériels, enfin, dans la matérialité.

AG : Bon alors, comme on joue le jeu du labyrinthe, je vais réorienter dans une direction qui m'intéresse davantage et que je veux prendre, là, maintenant. Je vais te demander de matérialiser l'intériorité du labyrinthe, de choisir un matériau.

JMB : Pour représenter mon schéma ?

AG : Même pas pour représenter ton schéma. Je ne veux même plus savoir quelle est la configuration du labyrinthe. Je veux savoir de quel matériau sont faites les galeries.

JMB : (*Rire.*) De quel matériau sont faites les galeries ? Ça c'est bon, ça.

AG : Encore une fois, laisse-toi guider, ton intuition te mènera là où elle doit te mener. Elle te mènera toujours au seul et unique labyrinthe que tu puisses fréquenter, à savoir le tien.

JMB : « Les frontières de mon langage sont les frontières de mon monde[1]. »

AG : Oui.

JMB : Euh…, c'est quoi comme matériau ? J'essaye de voir ce qui peut ressembler un peu à ça… Ça serait de la peau.

AG : De la peau ?

JMB : De la peau. (*Rire.*) On est mal barrés.

AG : De la peau.

JMB : Ça serait de la peau.

AG : Mais c'est quoi, c'est une vision horrifique ? On est dans le *Rocky Horror Picture Show* ou autre, je ne sais pas, les galeries sont composées de quoi, de peau tendue ? On est dans un organisme ?

JMB : C'est de la peau comme…, oui c'est une matière, c'est une matière.

AG : Comparable à de la peau.

JMB : Oui. Comme notre peau ou la peau d'un animal…

AG : Et une peau tendue ?

JMB : Une peau tendue, euh ?….

AG : Donc tu veux dire que ce n'est pas de la peau, c'est de

---

[1] Ludwig Wittgenstein.

la chair.

JMB : Si vous voulez.

AG : C'est de la chair ?

JMB : Oui.

AG : Mais de la chair recouverte de peau. Ce que je veux dire, c'est que ce n'est pas une peau qui a été…, comment appelle-t-on ça, avec les animaux, qu'est-ce qu'on fait quand on leur retire la peau ?

JMB : Dépecer ?

AG : Voilà. Il ne s'agit pas d'animaux qu'on aurait dépecés et dont on aurait tendu les peaux pour faire des couloirs dans lesquels tu avancerais, non ?

JMB : Si, c'est ça.

AG : *Si c'est ça* ?

JMB : Vous prenez juste la peau et vous enlevez l'animal.

AG : Donc c'est de la peau tendue, de la peau morte.

JMB : Sauf qu'elle n'est pas morte.

AG : Elle n'est pas morte, elle est vivante ?

JMB : Elle est vivante, elle est bien vivante, la peau. Et, à l'intérieur de ça, il y a la présentation, ce qu'on a appelé…

AG : Là où s'effectue la présentation.

JMB : Il y a Jean-Mickaël.

AG : Comment cette peau peut-elle être encore vivante si elle provient d'organismes qui ont été dépecés ?

JMB : (*Rire.*) Alors, elle est juste l'analogie d'une peau qui serait…

AG : Je me doute bien qu'il s'agit d'une analogie, que tu ne te promènes pas dans un labyrinthe tendu de peaux mortes vivantes.

JMB : (*Rire.*) Comment puis-je répondre à la question ?

AG : Eh bien en imaginant, en imaginant.

JMB : Mais je ne peux pas.

AG : Tu ne peux pas imaginer un moyen de maintenir cette peau en vie alors qu'elle devrait être morte ?

JMB : Ça c'est le chat de Schrödinger. (*Rire.*) Euh…, non, je ne peux pas faire ça.

AG : Donc, tu n'as pas de chemin dans cette direction.

JMB : Si, mais pas…

AG : Quel chemin ?

JMB : Je ne peux pas répondre à la question que tu m'as posée juste à l'instant.

AG : Mais tu as dit que tu avais un chemin.

JMB : Bien sûr.

AG : Vas-y.

JMB : (*Rire.*) Il y a une forme d'intériorité de cette peau.

AG : Une forme d'intériorité, c'est-à-dire que tu es dans l'intériorité, tu es dans la peau ?

JMB : Je suis à la frontière de la peau, je suis la peau. On va dire que je suis la peau.

AG : Tu es la peau. Ah non, *tu la suis* ?

JMB : Non, je suis.

AG : Tu es la peau.

JMB : Oui, je suis, c'est ça.

AG : Donc tu es la structure du labyrinthe ?

JMB : La frontière de… oui, c'est ça.

AG : Qui est une structure organique qui devrait être morte mais…

JMB : Qui comprend toutes mes expériences, qui comprend…, alors, parce qu'il faut rentrer dans la matérialité…

AG : Non, non, non!

JMB : Mais si…

AG : Je suis là pour rappeler, on va dire que je représente la matière et que je suis là pour t'y ramener. Ne te sens pas obligé.

JMB : (*Rire.*) J'aime bien cette idée, je te vois bien en représentant de la matière.

AG : Donc, voilà, je te ramènerai à la matière si besoin est, mais ne te sens pas obligé. Ce que je veux dire, ne te sens pas obligé puisque là tu es en train de composer quelque chose d'assez complexe et j'aimerais bien en explorer les possibilités. Donc, tu es la peau.

JMB : Oui.

AG : Qui est elle-même le labyrinthe.

JMB : Oui.

AG : Qu'est-ce qu'on fait avec ça ? Et pourquoi avoir choisi la peau ?

JMB : Tout ce qui se situe à l'intérieur de cette peau, à l'intérieur de ce labyrinthe, disons, on va dire que, en fait, ça c'est le labyrinthe, enfin un labyrinthe (*en montrant le schéma*), l'histoire de cet intérieur constitue l'actualité de la peau. C'est comme nous, en fait, on ne sait pas ce qui se passe, enfin on ne pense pas tous les jours à ce qui se passe à l'intérieur de notre corps.

AG : Ah! si on y pensait, on aurait du mal…, on essaye, moi, parfois, j'essaye d'y penser. On a du mal à savoir ce qu'il s'y passe. Même, parfois, on est inquiet, on se demande : « Bon Dieu, qu'est-ce qu'il peut bien s'y passer, quoi ? » Alors on a peur même certaines fois, on se dit : « Mais s'il se passait une connerie, un accident, un problème ? »

JMB : Exactement. Si ça déconne, on est dans la…

AG : Même les informations qu'on reçoit de l'intériorité on n'a pas forcément les moyens de les interpréter.

JMB : Vous pensez qu'on reçoit des informations de l'intériorité ?

AG : Eh bien oui, par exemple, si tu as un point douloureux dans le dos, ça te vient de l'intérieur.

JMB : Ça dépend.

AG : De quoi ?

JMB : Le point douloureux en tant qu'élément de langage, lui, il ne vient pas de l'intérieur.

AG : Non.

JMB : Lui, il vient de l'extérieur.

AG : Oui, mais la sensation que tu éprouves…

JMB : C'est une idée.

AG : …, tu vis quand même, alors je ne sais pas jusqu'à quel niveau c'est une représentation, mais tu vis l'idée d'un point, ou d'un impact, d'une pointe qui provient de ton intériorité, d'une douleur.

JMB : Oui.

AG : Qui vient de l'intérieur. Même si tu ne mets aucun mot dessus.

JMB : Oui.

AG : Cette douleur est souvent, ou peut être, inquiétante parce que tu as du mal à savoir ce qu'il se passe véritablement, ce que ça signifie. C'est-à-dire que l'information que tu reçois, l'information de la douleur, tu as du mal à savoir ce qu'elle peut bien vouloir signifier. Tu sais qu'il se passe quelque chose, une alarme, une alerte… Après, sa signification exacte, tu aimerais bien le savoir. D'ailleurs tu es rassuré quand le médecin te dit : « Ce n'est rien…, c'est juste…

JMB : Ça va passer.

AG : … un point de douleur. Un pic de douleur. Ça va passer. Prenez quelques… », comment appelle-t-on ça les antidouleurs, là, les… ? Quelques…, ça porte un nom. Bon, enfin, bref.

JMB : Mais il n'a pas soigné le point, il a soigné la représentation qu'on se faisait de ce point.

AG : Et lui-même ne comprend peut-être pas exactement ce qu'il en est… de ces signaux mystérieux du corps… qui viennent de l'intérieur.

JMB : Il a éliminé toutes les potentialités que ce point pouvait être.

AG : De l'extérieur, de l'extérieur.

JMB : De l'extérieur. Donc ma peau qui est l'actualité, qui est mon actualité…

AG : Ta présentation.

JMB : Ma présentation. Eh bien, comme la peau du corps, elle se modifie, elle vieillit, elle s'agrandit…

AG : Elle se développe ?

JMB : Elle se développe, oui, mais c'est l'intérieur qui développe, c'est de l'intérieur que ça se passe. Si on peut parler de l'intérieur.

AG : Pourquoi est-ce qu'on ne pourrait pas en parler ?

JMB : Je n'aime pas cette idée d'intérieur.

AG : Tu connais cette phrase célèbre de Deleuze qui est empruntée, d'ailleurs, à un poète, je ne sais plus lequel : « Le plus profond c'est la peau[1]. »

JMB : Oui, je sais que Deleuze aimait beaucoup, oui, mais je...

AG : Je ne sais pas si le plus profond c'est la peau, ce que je sais sur la peau, c'est le concept qu'on a...

JMB : C'est en rapport avec la surface, enfin sa théorie de la surface.

AG : Ce que je sais ou ce que je pense, moi, sur la peau c'est que c'est le concept, le terme qu'on utilise pour nommer la séparation entre l'intérieur et l'extérieur.

JMB : C'est pour ça que l'intérieur me dérange. C'est effectivement cette distinction-là, la peau n'est pas...

AG : Bien, surtout restons dans la logique, même si je sais que tu n'aimes pas. Là, tu m'as dit, si je reprends cette logique-là, que ton intériorité est constituée et que tu es l'endroit – regarde, ça va t'amuser encore –, l'endroit exact où se rencontrent l'intérieur... et l'extérieur.

JMB : Dans...

AG : Divers chemins qui mènent au même endroit. Tu es toujours à ce point-là.

JMB : Pour rester dans cette logique, oui.

AG : Parce qu'il y en a une autre logique ?

JMB : (*Rire.*) Là où vous n'avez pas voulu que j'aille.

AG : Vas-y. Je n'ai jamais interdit quiconque..., empêché quiconque d'aller où il voulait aller – je ne réussis même pas

---

[1] Il s'agit d'une citation de Paul Valéry.

à faire ma phrase –. Je n'ai jamais empêché quelqu'un d'aller quelque part. Voilà, c'est beaucoup plus simple.

JMB : Donc, reprenons. Ce n'est pas une intériorité qui serait cachée, un peu comme tout à l'heure, le futur n'est pas…, on s'en fiche, en fait.

AG : On se fiche du futur.

JMB : Ou de ce qui est caché. Tout ça, ça ne nous intéresse pas. Par contre, ce qui nous intéresse, c'est de savoir toutes les expériences qui se passent à l'intérieur de cette peau-là, pour comprendre la modification qu'elles lui donnent, l'actualisation qu'elles lui donnent à cette dite présentation de la peau. On est bien souvent inconscient de tout ce qui se passe à l'intérieur de cette peau-là. Je ne pense pas à respirer, je ne pense pas à faire battre mon cœur, je ne pense pas à faire circuler mon sang, et pourtant ça se passe. Ce sont des expériences que j'ai…

AG: Ce sont des expériences dont tu n'as pas conscience ? Alors, c'est bizarre « des expériences dont on n'a pas conscience. »

JMB : Mais elles existent, et je peux les…

AG : Les conscientiser ? En prendre conscience ?

JMB : Oui, je fais bien l'expérience d'un Jean-Mickaël qui respire, d'un Jean-Mickaël qui saigne quand il se coupe.

AG : L'expérience de ton intériorité physique, cette fois. Là tu me parles, tu vois, c'est bizarre, tu as plongé dans l'intériorité. On a la peau, on a l'organique…

JMB : Eh bien oui, je veux de la matérialité.

AG : Oui ?

JMB : Euh…

AG : Sauf que le résultat… Alors on arrive à quelque chose qui est intéressant quand même…

JMB : Mais ce n'est pas la présentation qui explique l'intérieur, c'est l'intérieur qui explique…

AG : Oui, mais alors, je voulais te dire quelque chose, si tu ne me fais pas perdre mon fil…

JMB : Pardon.

AG : C'est que ce qui est rigolo, c'est que les expériences physiques, ce sont celles qui produiraient l'identité présente de ce que tu es. Tu serais le résultat de ta prise de conscience et d'unification de tes diverses expériences organiques. Tu serais une peau intellectuelle, une sorte de peau intellectuelle.

JMB : Et là on n'a parlé que du physique.

AG : *Tu* n'as parlé que du physique.

JMB : Je n'ai parlé que du physique, oui, mais il n'y a pas que ça.

AG : Il y a quoi d'autre… dans cette peau ?

JMB : Eh bien, il y a aussi une peau autour de… Ça serait différent ça, ça serait différent. Euh, comment on va dire ça ?

AG : Suis le chemin sans essayer de dévier maladroitement, c'est-à-dire de – je ne dis pas « maladroitement » pour être désagréable, ce que je veux dire, c'est : « Essaye d'être fidèle à la voie qui se dessine. » –, c'est-à-dire la peau. Tu as plongé dans la matérialité et tu n'as sollicité que l'intériorité organique.

JMB : Oui.

AG : Maintenant tu dis qu'il n'y a pas que ça. Si tu entrevois autre chose, nomme-le. Si tu n'entrevois rien, comme pour le « trois », tu peux faire marche arrière. Tu peux dire : « Il n'y a effectivement que ça. Je ne suis que l'expérience intellectuelle, que le résultat intellectuel de mes expériences physiques passées. »

JMB : Pour que ces expériences physiques passées deviennent une représentation de la peau, il faut y ajouter une idée, des idées.

AG : Et ces idées, elles viennent d'où ?

JMB : Eh bien, de cette histoire, de ce passé, de ce magma…

AG : Et ce ne sont pas elles justement les fameux « trois » qu'on avait trouvés puis perdus ?

JMB : Peut-être, oui, ça serait ça.

AG : Donc, tu es en train de me dire, de manière peut-être

assez complexe, la fameuse phrase scolastique, je crois :
« *Nihil est in intellectu quod non prius fuerit in sensu* », « Rien
n'est dans l'intellect qui n'ait d'abord été dans les sens. » Ou :
toutes nos vérités proviennent de nos sens, comme le dit
Hume aussi.

JMB : Je ne saurais me prononcer.

AG : Ça expliquerait peut-être aussi le fait que tu dises qu'il
n'y a pas de futur. C'est que le futur, justement, il n'y en a
pas d'expérience sensible possible. Et tu dis que la seule
réalité, ou la seule présentation possible, c'est celle qui fait
l'amalgame ou l'assemblage du passé, des expériences passées,
physiques passées, des expériences sensorielles passées.

JMB : De toutes façons, c'est un passé qui est aussi très
présent. C'est un passé, c'est, c'est même l'altérité, enfin,
c'est même l'altérité immédiate, c'est… Tout ce qui se
présente à moi est déjà passé.

AG : Sauf que toi tu constitues ta présence à partir de ce qui
se présente à toi, à partir de ce passé.

JMB : Exactement, oui.

AG : Donc ça, ça t'appartient, ce n'est pas passé, c'est ce que
tu es.

JMB : Alors, il y a deux choses : il y a ce qui passe, ces
événements, ces altérités. Ces altérités, elles, passent puisque
je les rencontre et qu'une seconde après elles disparaissent,
ou enfin en tous les cas je peux tourner la tête ou je peux
faire autre chose, et il y a l'expérience qui ne passe pas, à
savoir l'idée, l'idée qui revient…

AG : Eh bien, c'est une bonne définition de l'idée : *l'idée c'est
l'expérience qui ne passe pas.*

JMB : Ce bleu-là.

AG : Le bleu de la table, oui.

JMB : Je l'ai déjà vu. Et je vais le revoir. Peut-être tout à
l'heure, peut-être demain. La prochaine fois qu'on reviendra
ici : « Tiens, de nouveau ce bleu, je le reconnais. »

AG : S'ils n'ont pas changé les tables.

JMB : S'ils n'ont pas changé les tables.

AG : Jean-Mickaël, on va peut-être s'arrêter là. Je veux juste te dire une chose.

JMB : Oui ?

AG : Bon, là, tu as généré quelque chose qui ressemble… Alors moi, pour conclure, ce qui m'intéresse, ce que je trouve beau, c'est que la représentation de ce labyrinthe est totalement inattendue. Moi je le découvre. C'est un labyrinthe, enfin, riche, complexe, difficile à se représenter. Mais l'idée du labyrinthe, si tu es la peau, il y a quand même l'idée que tu dois être perdu dans ce labyrinthe. Tu étais dans la confusion dans le dernier état.

JMB : Oui.

AG : Moi, voilà, je voudrais juste conclure là-dessus : il faut trouver la *perte.* À quel moment. Il faut conceptualiser la perte. Parce que là tu m'as montré un peu à quoi il ressemblait, je suis d'accord, hein, c'est difficile à assumer, c'est une image intéressante. C'est une image riche, inattendue, nouvelle. Nouvelle dans le sens d'imprévisible. Je ne suis pas sûr que, même pour toi, elle ait été prévisible. La peau, cette fameuse peau, elle est sortie d'où ?

JMB : Cette peau-là était… Non.

AG : Non. La peau…

JMB : … n'était pas prévisible.

AG : Elle est sortie de nulle part.

JMB : Oui.

AG : Ce qui est rigolo, peut-être quelque chose, « avancer nu », « la peau », moi je te demande de réfléchir à tout ça : « rentrer nu », « la peau c'est le labyrinthe ». J'ai l'impression que là tu as des clefs, il y a des codes qui sont là.

JMB : C'est intéressant que j'ai pris la peau pour le présent…

AG : Oui, on a une cohérence, il y a une logique qui est ta logique puisqu'on travaille… Le labyrinthe c'est un exercice sur l'intériorité, c'est-à-dire la représentation interne que tu

te fais du monde et sa cohérence. On a quand même cette
position qu'on a retrouvée en pleins d'endroits, tu m'as
dit : « Je ne vous suis pas forcément. » Ok, mais là je t'en
propose une autre : *la peau et la nudité,* quelque chose quand
même qui définit extrêmement fort cette identité telle que tu
la projettes. On va s'arrêter là, je voudrais juste que tu
réfléchisse là-dessus. (*Au serveur.*) Oui ?
SERVEUR : Je vais vous encaisser, on ne va pas tarder à…
AG : De toutes façons, on arrêtait. J'étais en train de faire le
stop. Donc, je fais le stop. Je stoppe. Je ne sais même pas
comment on fait.

Séance 4 : le caca d'œil

AG : C'est bon aussi de mon côté.

JMB : Je vais devoir augmenter le volume de ma voix.

AG : Pourquoi ?

JMB : Bah, des fois, je ne parle pas très fort, donc…

AG : Ah oui.

JMB : Il faut que je fasse attention. Ça va le faire.

AG : Bon, alors, j'ai réfléchi un petit peu et, si tu le veux bien…

JMB : Oui ?

AG : …, tu vas pouvoir te reposer un peu.

JMB : Ah!

AG : C'est-à-dire que je ne vais pas forcément te demander de beaucoup intervenir, quoique tu puisses me couper quand tu veux si tu as une question ou des remarques.

JMB : Bien sûr.

AG : Mais je voulais justement, suite à ce qu'on vient de dire, c'est-à-dire que l'exercice servait aussi de modèle, hein ?…

JMB : Oui.

AG : (*Bruit de tasses.*) …, du labyrinthe…

JMB : (*À la serveuse.*) Merci.

LA SERVEUSE : En vous remerciant messieurs.

JMB : Merci.

AG : …, que notre échange servait, en fait, de modèle, était amené à servir de modèle – je ne sais pas trop comment le dire –, je me suis dit, voilà, qu'il était peut-être nécessaire que je te rappelle, en tout cas, pas *nécessaire*, mais je me suis dit que ça serait peut-être bien que je te rappelle l'origine du labyrinthe.

JMB : D'accord.

AG : Comment l'idée…, d'où vient cette idée.

JMB : D'accord.

AG : Même si je t'en ai peut-être déjà parlé, je ne m'en souviens plus.

JMB : Si tu me demandais si à l'origine…, je ne pourrais pas te répondre.

AG : Alors je vais te raconter, un peu à la manière platonicienne…

JMB : (*Rire.*) Un mythe.

AG : Un mythe, en tout cas une histoire qui est l'histoire, voilà, du début du labyrinthe tel que je l'ai conçu. En fait, l'idée est partie, une fois je me trouvais comme ça, il y a relativement longtemps, il y a quelques années, je sortais de chez moi et, en marchant dans la rue, j'ai vu contre un mur – enfin, c'est comme ça que je m'en souviens, même si, a priori, ce n'est pas trop possible parce qu'il n'y a pas vraiment d'immeuble qui s'y prête près de chez moi…

JMB : D'accord.

AG : …, mais, en tout cas, voilà, j'ai en mémoire une façade, ce qu'on appelle un mur aveugle, tu vois ?

JMB : Oui.

AG : Un mur d'immeuble où il n'y a pas de fenêtres, relativement décrépi, en mauvais état, avec un placard publicitaire, une grande affiche publicitaire, et, ce qui m'a choqué à ce moment-là – par contre ça, je m'en souviens assez bien –, c'est que l'affiche publicitaire semblait répondre exactement aux questions que je me posais à ce moment-là.

Si tu veux, j'étais en train de, de…, voilà, de marcher, et je
réfléchissais à quelque chose, je ne me souviens pas à quoi
mais à quelque chose d'assez précis. De suffisamment précis
pour que, quand j'ai vu l'affiche, je sois troublé, surpris,
étonné par le fait qu'elle répondait, qu'elle semblait répondre
exactement à ce qui me préoccupait à ce moment-là.

Comme si elle était là pour moi, en fait. Je ne me suis pas
dit : « Tiens… », après, je ne me suis pas dit : « Tiens, c'est
une affiche de publicité, elle aurait pu répondre à un nombre
incroyable de questions…

JMB : Oui.

AG : Mon questionnement était suffisamment spécifique
pour que je me dise : « Ce n'est pas possible, ce n'est pas
possible, elle a été mise là maintenant exprès pour moi…

JMB : D'accord.

AG : …, pour moi et je me suis dit : « Ce n'est pas possible,
je suis en train de délirer, il y a quelque chose qui ne va pas! »

JMB : Oui.

AG : Ça, c'est la première fois, en fait…, voilà, on pourrait
dire que c'est ce qui a amorcé, l'amorce du labyrinthe. Une
autre fois, alors, quelques temps plus tard, un temps assez
long plus tard, j'ai un deuxième souvenir marquant : j'étais
dans un bus et dans le bus il y avait un personnage que je ne
connaissais pas mais, euh…, blond, assez jeune, assez gros.
Pas… pas… pas… pas vraiment gros mais, euh, tendance à
l'embonpoint, le visage bien rempli, une bonne tête, hein,
l'air sympathique, etc. Et ce personnage, j'étais assis, lui, il
était debout et je l'ai remarqué. C'est comme s'il sortait du
lot, tu vois, il était plus lumineux que les autres.

JMB : D'accord.

AG : Je ne sais pas pourquoi. Il était assez loin, debout,
comme ça, parmi d'autres personnes et il est sorti du groupe,
il s'est détaché des autres personnes et je me suis arrêté
dessus, je ne sais pas trop pourquoi. Je ne l'avais jamais vu
auparavant.

JMB : D'accord.

AG : Et, quelques temps plus tard encore, mais là un peu moins longtemps, disons quelques jours après, j'étais euh…, alors pareil, c'est ma mémoire qui reconstruit un peu ce qu'elle veut mais…

JMB : Bien sûr.

AG : … je me trouvais à la boulangerie, en tout cas je sais que j'étais dans un magasin, et je me retourne et je tombe nez à nez, pile sur ce type, le même.

JMB : D'accord, le même type.

AG : Qui n'avait jamais été présent dans mon entourage auparavant, que je ne connaissais ni d'Ève ni d'Adam. Et là, à quelques jours d'intervalle, je le vois, comme ça, et je le remarque.

JMB : Hmm, hmm.

AG : Et après, il a disparu. Je ne l'ai plus jamais revu.

JMB : (*Rire.*) Jusqu'à aujourd'hui.

AG : Je me suis dit que ce n'était pas la première fois, qu'il y a des personnes comme ça qui interviennent, qui rentrent dans ton environnement propre, dans ton entourage, que tu remarques et qui en ressortent. Mais quand elles rentrent, c'est comme si elles avaient quelque chose de plus. Tu les remarques, quoi, du coup tu te dis, je ne sais pas, elles ne sont pas tout à fait comme les autres.

JMB : Hmm.

AG : Je me suis dit : « Il y a peut-être un contact ? », voilà, qui…, il y a quelque chose comme un contact ou une tentative de contact. Alors, de là m'est venue l'idée, je me suis dit : je vais me faire des cartes de visite…

JMB : D'accord.

AG : … et quand je rencontre ce genre de personnes, je leur donne ma carte. Je leur donne ma carte sans rien leur dire. Je leur dis juste : « Voilà, désolé, excusez-moi, si je peux me permettre de vous donner ma carte. » S'ils me demandent pourquoi, je dis : « Il n'y a pas vraiment de raison, faites-en

ce que vous voulez. », en me disant qu'elles me
recontacteront peut-être, on ne sait jamais…
JMB : Hmm.
AG : Je ne l'ai jamais fait. Je n'ai encore jamais fait les cartes
de visite. Je le ferai peut-être un jour. L'idée c'était quoi ?
L'idée c'était…, en fait, le nom que j'ai donné à cette petite
histoire c'est : « L'homme qui avait tout inventé ».
JMB : D'accord.
AG : Son monde. Je me suis dit : je navigue dans mon
monde.
JMB : Oui.
AG : Et c'est là que m'est venue l'idée du labyrinthe. Dans
les rues dans lesquelles je marche, en fait, je suis toujours un
chemin qui est dans la continuité de ce qui précède. Je
choisis ma direction en fonction de ce qui est venu
auparavant.
JMB : Oui.
AG : En fait, je me déplace dans un environnement dans
lequel je ne vois que ce que je peux voir, c'est-à-dire ce qui
est conditionné par le chemin que j'ai suivi jusqu'ici. Donc,
où que j'aille, je ne fais que développer sans cesse le même
labyrinthe, je ne fais qu'étendre les mêmes informations
primitives, primordiales, etc. Et je me suis dit : sans aucun
moyen d'en sortir. Et je me suis dit : peut-être ces gens
justement sont des appels, comme ça, ils m'appellent du
dehors et ils seraient un moyen de sortie, ils sont peut-être là
pour ça, de sortir de ma vision labyrinthique des choses…
JMB : D'accord.
AG : …, de mon monde. C'est pour ça que j'avais l'idée des
cartes de visite. Cette idée, elle m'est aussi venue de
Descartes. Descartes dans les *Médiations métaphysiques*, il y a
un moment, il est en haut, il est chez lui, enfin, là où il loge,
et il regarde par la fenêtre et il voit des passants et il se
dit : « Rien ne me permet d'affirmer qu'il ne s'agit pas
d'automates mus par des ressorts, sous leurs chapeaux et

leurs manteaux. Rien ne me le permet. » Qu'est-ce qui te permet d'affirmer que le monde n'est pas une pure invention de ton chef, de ton propre chef ? Plus que ça, le monde est forcément une invention de ton propre chef, c'est-à-dire un labyrinthe qui t'appartient, puisque tu ne vois tout qu'à travers tes propres référents. C'est-à-dire à travers le prisme de ce que tu peux y voir. Chaque objet est transformé par ton expérience, par ton vécu, par la façon que tu as eu de vivre ton monde. Je me suis dit, voilà, nous errons chacun dans un labyrinthe, ces labyrinthes ne sont pas forcément éloignés les uns des autres, mais se rencontrent-ils ? C'est bien ça le problème.

JMB : Hmm, hmm…

AG : Donc, je me suis dit, voilà, l'exercice du labyrinthe c'est ça. L'exercice du labyrinthe, c'est d'essayer d'entrer dans le labyrinthe de quelqu'un, de le suivre pour essayer d'entrer en contact et, si possible, de trouver, de sortir, de se dire : on est sorti, de nos propres voies ou schémas référentiels. De produire ce que je t'avais dit, ce fameux accident.

JMB : D'accord.

AG : La dernière fois, ce qui s'est passé entre nous, ça ne s'est pas produit. C'est que les deux labyrinthes sont devenus étanches. Tu t'es retranché dans le tien, tu as fermé la communication, et moi j'ai continué à essayer de projeter mon regard, ma vision du labyrinthe pour avancer dans la tienne et, tu l'as dit : « Non, je ne comprends pas le fonctionnement. En tout cas, je ne l'accepte pas. Je ne l'accepte pas. »

JMB : D'accord.

AG : « Je n'accepte pas ce mode de fonctionnement. » Voilà, donc, là, je t'ai donné un peu les origines du labyrinthe. Euh…, maintenant, par rapport à la dernière fois, moi, qu'est-ce que j'en ai tiré ? En y repensant, je me suis dit : c'est incroyable! Alors, après, je ne sais pas comment tu vas réagir, là, et tu vas pouvoir reprendre la parole. Je ne sais pas comment tu vas réagir, je me suis dit : c'est incroyable! le labyrinthe de Jean-Mickaël, même à l'intérieur, c'est de la peau. Il me met de la peau même à l'intérieur. C'est-à-dire que la peau, c'est quoi, sinon une surface ? Sinon la surface, en fait, de l'intériorité ? Je me suis dit que partout où se déplace Jean-Mickaël, il met en avant la surface et il refuse systématiquement la profondeur et l'intériorité. Même quand je lui dis : « Je te place, tu es à l'intérieur », que je lui demande : « Qu'est-ce que l'intérieur ? », il me répond : « C'est de la peau, ce sont des peaux tendues, c'est une surface. » Et j'ai fini par conclure : tu dois l'accepter – et on va partir de là –, le labyrinthe, contre l'image que toi tu voudrais en donner, que tu t'en fais, le labyrinthe de Jean-Mickaël, il est piégé dans une surface. Son labyrinthe est une surface.

JMB : D'accord.

AG : Maintenant, la question, c'est : comment sort-on, ou, avant même, comment évolue-t-on *dans* une surface ? Donc, je partirai de là. Maintenant, tu vas pouvoir te fatiguer un petit peu.

JMB : (*Rire.*)

AG : Et je vais essayer aujourd'hui de ne pas trop t'imposer mon propre chemin, c'est-à-dire mes propres galeries ou voies…

JMB : Oui, je vais essayer…

AG : … de représentation.

JMB : … de faire de même. De ne pas devenir trop étanche à…

AG : À la communication.

JMB : À la communication non plus. Euh…, je ne comprends pas le sens du mot « sortir » du labyrinthe. Ça serait quoi l'image la plus, enfin s'il y a une image un peu, par rapport au fait de sortir ?…

AG : Eh bien, par rapport à ce que je t'ai dit en introduction, le labyrinthe c'est la représentation que je donne, ou l'image que je donne, pour l'ensemble de tes déterminations. Ces déterminations, en fait ce que j'appelle ta logique, c'est-à-dire ton mode de fonctionnement, toutes ces déterminations qui ne sont pas forcément compatibles entre elles et qui ne mènent pas sur un droit chemin, mais qui peuvent être conflictuelles, t'amener à des impasses, à des remises en question, etc. Tu me comprends ou pas ?

JMB : C'est un peu différent des formes de vie de Wittgenstein.

AG : C'est un peu différent des formes de… ?

JMB : Formes de vie.

AG : Explique-moi.

JMB : Oui, c'est un peu ça, c'est…, ça se situe plus dans un usage, dans des pratiques, en fait, récurrentes, liées aussi à un passé…

AG : Le Wittgenstein des *Investigations* ?

JMB : Oui.

AG : Le deuxième Wittgenstein.

JMB : Oui, ça serait plutôt lui. Des habitudes déterminées par nos apprentissages.

AG : Alors, je ne suis pas un spécialiste du deuxième Wittgenstein. Je ne crois pas l'avoir bien compris, je ne suis même pas sûr de l'avoir du tout compris d'ailleurs, mais ce que j'ai pu en comprendre effectivement, c'est que c'est, quoi non, pas effectivement, mais ce que j'ai cru en comprendre, et là, par rapport à ce que tu dis, ça se passe plus à l'extérieur, ces jeux de langage, ces…

JMB : Oui tout à fait.

AG : Ça se passe plus dans la relation interindividuelle.

JMB : Oui.

AG : Ce que j'essaye de dire, c'est que là, en fait, l'ensemble des déterminations, je ne m'intéresse pas trop à la relation d'échange que tu peux avoir avec les autres. Je m'intéresse ici au labyrinthe des déterminations qui te constituent au niveau de ta conscience, au niveau de ta logique. Au niveau de la façon dont tu te représentes les choses. C'est-à-dire la seule information, ces chemins logiques, hein, comme des chemins, on va dire, ces suites de propositions qui s'enchaînent de manière cohérente les unes aux autres comme, je ne sais pas : « J'étais chez moi ce matin donc je n'ai pas pu voir ta lettre », ou : « J'étais chez moi ce matin donc je n'ai pas pu trouver, ou je n'ai pas pu entendre… », bon, bref, voilà.

JMB : Hmm, bien sûr.

AG : Des constructions logiques qui sont labyrinthiques parce que l'ensemble de ces déterminations ne suivent pas un trajet linéaire et peuvent entrer en conflit, et entrent en conflit entre elles, et amènent à se poser des questions et à réfléchir.

JMB : D'accord.

AG : D'accord ? Donc je ne suis pas tant dans le jeu, dans les jeux de langage, les jeux de communication du deuxième Wittgenstein, mais sortir…

JMB : Est-ce que tu…

AG : Pour moi, voilà.

JMB : Est-ce que tu as déjà vécu cette expérience de sortie de labyrinthe ou est-ce que tu as…

AG : Eh bien uniquement, je te l'ai dit, par accident. Le seul moyen possible pour moi, ça a tou…, mais l'accident, le problème de l'accident c'est qu'il ne dure qu'un temps. Les petits accidents, en tout cas.

JMB : Oui.

AG : Mais ils ne bouleversent pas profondément…

JMB : Non.

AG : … ton *modus operandi*, ton mode de fonctionnement. C'est-à-dire, tu reviens très vite sur le… – je ne vais pas dire le droit chemin, dans un labyrinthe, quoique si, ce sont des chemins droits mais qui peuvent tourner, c'est structuré quand même – mais tu reprends, en fait, le chemin du labyrinthe. Tu rajoutes peut-être une pièce au labyrinthe, tu l'étends, mais l'accident, tu vas le relier ou le récupérer ou le reconstruire à partir de tes déterminations. Tu vas lui donner sens à partir de tes déterminations anciennes. Tu vois ce que je veux dire ? Tu vas le récupérer.

JMB : Dans le labyrinthe, il y a quelque chose qui ne change jamais, c'est ça ?

AG : La structure fondamentale que tu, je dirais, que tu étends toujours de manière similaire. Je dirais que tu as une espèce de structure fondamentale qui est, on va dire, ton mode de pensée, ta première logique qui s'est mise en place. Et cette première logique qui, on va dire, qui est l'embryon du labyrinthe, le petit labyrinthe, tu vas le développer par miroir, par réflexion, sur des structures identiques.

JMB : D'accord.

AG : Et chaque nouvelle expérience, même l'accident, tu vas essayer de le faire entrer dans cette structure, c'est-à-dire de le reformuler pour qu'il corresponde à cette structure.

JMB : D'accord. L'accident va y permettre quelques changements ?

AG : Il va te projeter, au moment de l'accident, TU ES PROJETÉ EN DEHORS DU LABYRINTHE.

JMB : Mais l'embryon même du labyrinthe, lui, il ne change pas.

AG : À ce moment-là, il n'existe plus, puisqu'au moment de l'accident, tu n'es plus conscient à proprement parler. Au moment de l'acc…, sinon tu es…

JMB : Tu es sorti de ton labyrinthe, oui.

AG : Tu es pris dans le tourbillon, dans l'éclair (*Bruit de petite cuillère qui tombe. Voix de la serveuse : « Voilà ».*) de l'accident. (*Voix de la serveuse : « Quinze quarante ».*) Mais quand l'accident se tait (*Bip de la caisse enregistreuse.*) ou se calme, tu récupères ta structure et tu vas essayer d'intégrer l'accident dans le schéma originel.

JMB : Je comprends.

AG : Tu comprends un peu ? Mais pourquoi, encore une

fois, l'accident et le labyrinthe, qu'est-ce qu'en sortir ? Je pense qu'on n'est pas heureux. Je pense qu'on n'est pas heureux. C'est réconfortant d'avoir son labyrinthe…

JMB : Oui.

AG : Il fonctionne comme il fonctionne, ça nous permet d'avancer dans notre vie mais on ne rencontre pas l'autre. On se rencontre soi-même en permanence. L'autre vient renforcer le schéma, la structure originelle. L'autre on le choisit, hors situation accidentelle, parce qu'il va nous permettre de renforcer la structure. Il étend le labyrinthe mais il conserve la schématisation initiale, le schéma initial, et on n'est pas…

JMB : Le choix de nos amis, le choix de…

AG : Voilà, le choix de nos amis et autres. Et on n'est pas heureux, je dis, parce qu'on est seul, fondamentalement seul. Jusqu'à se poser la question de *l'homme qui avait tout inventé*. Est-ce que ce monde n'est pas simplement la projection de ce que je veux y voir ?

JMB : Hmm, hmm…

AG : Et le moment où un accident se produit, c'est-à-dire où on est bousculé, bouleversé dans sa vie par un événement, un imprévu total, là, si cet imprévu n'est pas négatif, on est véritablement heureux. Notre vie change du tout au tout. C'est le ticket de loto.

JMB : (*Rire.*)

AG : C'est : « Vous avez gagné le ticket d'or, le numéro d'or ! », comme dans *Charlie et la chocolaterie*, c'est quoi ?

JMB : Je ne sais pas.

AG : Tu ne sais pas ? Dans *Charlie et la chocolaterie* : « Vous avez gagné le numéro d'or » ? Une femme qui arrive, voilà, complètement inattendue, dans ton café habituel, une femme rentre et elle va modifier complètement ta représentation du monde. Tu ne vas plus voir le café de la même manière, tu ne vas plus voir les journées suivantes de la même manière, tu ne vas plus voir ta relation avec tes collègues de la même manière, tu ne va plus voir ta vie de la même manière. À ce moment-là, tu es sorti du labyrinthe, pour tout le temps que dure l'accident. C'est pour ça que je dis, que j'essaye d'en sortir, tu vois ? Je me dis que le labyrinthe est intéressant parce qu'il permet de comprendre la logique d'un individu mais, ce qui est encore plus intéressant, c'est de réussir à dégager, peut-être, une sortie, pour rencontrer l'altérité, l'autre radical, se dire : bon Dieu! je ne suis plus tout seul.

JMB : Je comprends.

AG : Tu comprends un peu ?

JMB : Oui, oui, oui. J'essaye de mettre ça…, parce que là, pour le coup, c'est l'inversion des rôles.

AG : Eh bien oui, mais comme je te poussais un peu dans tes retranchements, je me suis dit : je vais lui donner ma représentation ouverte des choses.

JMB : Oui.

AG : Telles que moi je les vois. Pour mettre, comme on dit, cartes sur table.

JMB : Oui, oui, oui. Là, je comprends.

AG : Mais alors, tu me disais…, la question, c'était de sortir du labyrinthe, c'est ça ? Est-ce que j'y ai répondu ?

JMB : Oui, oui, oui. Je pense que oui.

AG : Ma réponse, elle était : « On ne peut sortir que par accident. »

JMB : Que par accident. Est-ce que le fait de suivre quelqu'un, justement, dans son labyrinthe ou de se…

AG : Eh bien, en tant que ce quelqu'un, même si, à mon avis, on ne s'est pas choisi par hasard ou par accident ou autre, mais plus ou moins dans le prolongement l'un de l'autre, et qu'on se conforte quelque part dans notre vision personnelle du labyrinthe, on est quand même des autres. On l'a vu la dernière fois, on est des autres…

JMB : Oui.

AG : …, on est deux autres. Et ces deux autres, la dernière

fois, il y a eu jusqu'à… Ce qui est intéressant, c'est que le mur s'est crée.

JMB : Hmm.

AG : Alors, le mur, ce n'est pas mal. Ce n'est pas si loin que ça de l'accident. Si ça peut produire le mur, ça peut peut-être produire aussi, comme deux silex, l'étincelle et l'accident. Que notre échange crée une ouverture dans ton labyrinthe, et pourquoi pas aussi dans le mien.

JMB : Exactement, oui, je pense que c'est les deux.

AG : Oui.

JMB : Oui.

AG : Donc, voilà.

JMB : Le suivi de la pensée de l'autre ne correspond pas à une sorte de sortie du labyrinthe ? Quand on abandonne son propre schéma de pensée, ses propres …, pour essayer d'intégrer pleinement celui de l'autre ? Ce que tu fais à chaque fois, en fait, avec tes…

AG : Ce que j'essaye de faire mais, on l'a vu la dernière fois, ça ne marche pas forcément à tous les coups, puisque la dernière fois je n'ai pas réussi à te suivre.

JMB : Tu n'arrives pas à me suivre ou tu n'arrives pas à abandonner ton propre labyrinthe ?

AG : Eh bien, peut-être un peu des deux. Mais, en tout cas, la dernière fois ça, n'a pas fonctionné, tu vois ? Je n'arrivais pas, j'ai eu du mal, il m'a fallu du temps pour concevoir l'idée : *le labyrinthe de Jean-Mickaël est une surface.* Il m'a fallu du temps.

JMB : Oui.

AG : J'ai dû me souvenir de la peau, me dire : voilà, j'ai la peau, j'ai tout ça. Et, à la fin, je me suis dit : oui, c'est une surface. Mais, sur le coup, euh… je n'en était pas arrivé là. Je cherchais toujours à percer la surface.

JMB : Oui.

AG : Et ce que tu n'arrêtais pas de me répéter : « Ce n'est pas possible, mon labyrinthe n'est qu'une surface. »

JMB : Oui, ce n'est qu'une évidence, c'est ça, oui.

AG : Donc, te dire si l'autre peut produire la sortie, par son altérité même, encore une fois j'ai envie de répondre que généralement, normalement…

JMB : Difficilement.

AG: …, on suit l'autre sur les chemins où on veut bien aller, quoi, on le suit sur les chemins… L'autre nous sert à conforter le plus souvent notre propre vision des choses.

JMB : Oui.

AG : Quand tu t'adresses à des personnes et que tu leur demandes, après, ce qu'elles ont compris de ton intervention – même si elles te disent qu'elles ont apprécié énormément –, tu n'es pas forcément d'accord avec ce qu'elles ont retenu et…

JMB : Sans doute.

AG : …, parmi le nombre incalculable de mots que tu prononces en une heure, chacun retient un peu ce qu'il veut, quoi. Donc l'autre, dans quelle mesure l'autre t'entend ? Je suis un peu dubitatif là-dessus.

JMB : Les conséquences que tu aurais aimé faire naître ne sont pas forcément celles qui vont advenir.

AG : J'ai entendu plusieurs fois des personnes dire que ce qui avait été retenu de leur discours, la façon dont on y faisait référence, qu'elles n'étaient absolument pas d'accord. Que ce n'est pas du tout ce qu'elles avaient voulu dire, que ce n'était pas… Et ça va au-delà même! Un peintre quand tu lui demandes son avis sur sa toile et quand tu lui en parles, il n'est pas forcément d'accord ou…, avec la vision que tu en donnes. Je veux dire que ce n'est pas aussi évident que ça, ce n'est pas parce que tu parles à quelqu'un qu'il te comprend. Je dirais qu'en règle générale, quand tu parles à quelqu'un, il ne te comprend pas.

JMB : Hmm, hmm.

AG : Il y a un échange qui va produire des effets, il y a un échange communicationnel qui va produire des effets chez l'un et chez l'autre, mais l'échange même transforme l'information. Elle ne t'appartient déjà plus. Donc dire que la rencontre de l'autre te permette de sortir du labyrinthe, je ne suis pas sûr. Encore faudrait-il rencontrer l'autre en tant qu'autre, alors que le plus souvent tu le rencontres comme un prolongement de toi-même.

JMB : Oui, il faudrait le rencontrer en tant qu'accident.

AG : Il faudrait le rencontrer en tant que présence inattendue, imprévisible. En tant qu'accident. Et même là, si je voulais aller accidentellement vers quelqu'un – ce qui ne serait pas vraiment un accident puisque ce serait un accident que je chercherais à provoquer –, sans même peut-être le savoir, de manière subconsciente, j'irais vers quelqu'un parce que j'ai vu quelque chose qui me…

JMB : Oui, vous êtes allé vers lui et pas vers un autre.

AG : …, qui, voilà, qui ressemblait à un des tableaux que j'ai accroché dans mon labyrinthe, ou quelque chose comme ça.

JMB : Je vois.

AG : Je n'irais pas vers n'importe qui.

JMB : De toutes façons.

AG : Ce qui m'embête beaucoup parce que là je suis en train de me demander si l'accident même est possible. C'est-à-dire s'il peut se produire une rencontre fortuite.

JMB : Mais, d'un côté, je ne pense pas que tu croies au choix qu'on fasse…

AG : C'est-à-dire ?

JMB : Au choix qu'on veut faire, le choix de… Est-ce que j'ai vraiment choisi d'aller à droite quand j'ai pris un des deux chemins devant moi, etc. ?

AG : Eh bien, j'y crois sans y croire. Ça c'est une grande question philosophique. Mais elle se pose aussi dans le labyrinthe…

JMB : *La bille noire ou la bille blanche.*

AG : Voilà, c'est la question du libre arbitre en philosophie.

JMB : Oui.

AG : Je crois que d'un côté effectivement non. Encore une fois, j'utilise toujours une logique contradictoire puisque c'est aussi le propre de ma méthode. Je dis oui et non, à la manière héraclitéenne. Je dis que d'un côté il n'y a pas de choix mais qu'en même temps il a bien fallu prendre une décision. C'est-à-dire que tu étais conditionné par toutes ces déterminations qui te poussaient peut-être forcément à aller à droite, mais qu'à un moment il a fallu décider d'aller à droite.

JMB : Hmm, hmm.

AG : Et toi, le choix, tu l'as vécu. Tu t'es posé la question. Donc, au niveau de ta subjectivité, il y a eu un choix.

JMB : D'accord.

AG : Alors après, que ce choix, à un autre niveau, objectif, ou je ne sais dans quel univers abstrait, ne soit pas un véritable choix ; au niveau de l'individu, le seul réel existant puisque nous ne sommes tous que des « moi-même », des individus incarnés, au niveau de chacun, le moment du choix existe proprement puisqu'il se pose. Il va falloir prendre une décision. Si tu ne la prends pas, tu ne pourras pas continuer à avancer. Donc le choix existe et n'existe pas, dans le sens où il est dans le prolongement de tes déterminations antérieures… Bon, prends ton temps, hein.

JMB : (*Rire.*) J'ai beaucoup de choses.

AG : On n'est pas… Enchaîne comme tu veux. On n'est pas, comment dire, à la pièce.

JMB : Non.

AG : En plus, aujourd'hui, on est tranquille, on a beaucoup de temps… Moi j'ai bien une question à te poser quand même…

JMB : Oui ?

AG : Parce que je me dis quand même : « philo », « concept », « peau », tout ça…

JMB : (*Rire.*)

AG : Pourquoi ? Non mais parce que le concept c'est…, je

comprends vraiment pourquoi tu t'intéresses à la philo et je comprends aussi pourquoi tu dis souvent, en tout cas de manière récurrente, c'est revenu, que la philo était surtout là pour euh…, quelque part servait de paravent, hein ? tu t'es posé souvent cette question de paravent.

JMB : Oui.

AG : Elle te servait à te cacher la réalité, et je me suis demandé : pourquoi Jean-Mickaël est-il à ce point un être de la surface ? Pourquoi refuses-tu systématiquement – et tu me l'a fait, ça s'est manifesté en plusieurs occasions… Pourquoi refuse-t-il systématiquement d'affronter l'idée – je ne vais pas dire le concept – mais l'idée d'intériorité ? Même pas de l'affronter, pourquoi l'affronter ? de la prendre en compte, de la creuser. Pourquoi refuses-t-il de creuser la profondeur, de creuser dans le sol, de creuser dans la chair ?

JMB : J'ai eu, en venant te voir la première fois, en te…, dans ma volonté de faire des pratiques philosophiques…

AG : La première, toute, toute, première fois ?

JMB : La toute première fois. Je crois que j'ai eu, à un moment donné où ça n'allait pas très bien dans ma petite vie…

AG : Oui ?

JMB : …, je crois que j'avais cette volonté. C'est ce qu'on a fait ensemble, on a essayé de voir un petit peu plus loin. Même si vraisemblablement…

AG : Alors, je suis d'accord.

JMB : …, j'ai dû refuser cette intériorité.

AG : Non, non, non! C'est vrai qu'il y a eu un moment…

JMB : On est allé la chercher.

AG : … où effectivement tu étais plus, tu n'étais pas compartimenté comme ça peut l'être aujourd'hui.

JMB : Aujourd'hui, oui, parce que j'avais moins de lectures, et moins de…

AG : Voilà. Mais déjà, quand même, tu mettais en place, si je remonte vraiment aux origines, il y avait une intériorité, il y avait quelque chose, il y avait une espèce de fantôme qui circulait…

JMB : Il y avait un socle, on a parlé de socle.

AG : Oui, il y avait aussi, oui…, une espèce de socle invisible, hein ?

JMB : Oui.

AG : il y avait un socle invisible mais on était déjà là, hein, socle invisible, hein ?

JMB : Oui.

AG : On était aussi avec une intériorité fantomatique qui naviguait entre les pièces où elle se mettait en représentation.

JMB : Je ne savais pas où m'asseoir dans le train. (*Rire.*)

AG : Voilà. Elle était là cette intériorité, mais c'était déjà un fantôme, quoi.

JMB : Tout à fait.

AG : C'était déjà un fantôme.

JMB : Tout à fait.

AG : Oui.

JMB : Mais donc, je pense, j'ai beaucoup fait d'efforts à aller justement à la rencontre de cette intériorité – je ne sais pas ce qu'on cherche dans une intériorité, si c'est une essence ou quelque chose comme ça –, mais…

AG : Arrêtons-nous là. Garde bien ton idée pour plus tard. Mais qu'est-ce l'on pourrait chercher ? Qu'on se mette bien d'accord dessus parce que tu es dubitatif. Qu'est-ce qu'on pourrait chercher dans une intériorité ? Tu l'as dit : « l'essence », « la substance ».

JMB : Eh bien, pour moi, non.

AG : Le Jean-Mickaël débarrassé de sa gangue systémique, j'ai envie de dire, de tout ce système d'interprétation qu'il a construit. Un Jean-Mickaël débarrassé de sa légitimité.

JMB : D'accord.

AG : L'intériorité, c'est le lieu de l'autre. C'est-à-dire là où le concept n'a plus de pouvoir, de potentiel, n'a plus de puissance. L'intériorité, normalement, c'est l'être-là dans son essence pure.

JMB : Donc on se débarrasse de mon…

AG : De ton carcan conceptuel.

JMB : De mon carcan conceptuel, mais on retrouve le carcan conceptuel des significations, le sens des…

AG : Ah, non! Non, non, non! L'intériorité c'est…

JMB : Pour définir l'intériorité…

AG : …, c'est le mystère absolu. C'est la chose en soi chez Kant. C'est ce qu'on appelle l'*esse* des choses. C'est ce que tu es en dehors de toutes les représentations qu'on peut en avoir, en donner. Je ne sais même pas si c'est de l'ordre du dicible, l'intériorité.

JMB : Mais le sens de cette intériorité ? Elle est donnée par un autre carcan qui n'est pas forcément, enfin, qui n'est plus le mien, qui n'est plus…

AG : Oui, sauf que l'intériorité c'est la pile, c'est la pile atomique, c'est ce qui te donne toutes tes impulsions de vie.

JMB : Est-ce que ça ne reste pas que le résultat…

AG : D'un mythe ?

JMB : D'une somme précédente de penseurs…

AG : Est-ce que ça ne serait pas un mythe ?

JMB : … qui ont déterminé le sens de l'intériorité et de cette recherche.

AG : Eh bien, mettons-nous d'accord, est-ce que tu penses que l'intériorité est un mythe ? Il n'y a pas…

JMB : Je pense.

AG : Oui ?

JMB : Oui, je le pense.

AG : Tu penses ?

JMB : Oui.

AG : Je veux dire : tu le penses, tu en est convaincu ?

JMB : Alors, oui. (*Rire.*)

AG : C'est-à-dire que tu penses que si je te retirais ta peau…

JMB : Ma peau, laquelle ?

AG : Ta peau!

JMB : Ma peau conceptuelle ou ma peau, ma peau ?

AG : Ta peau conceptuelle…, je ne trouverais aucun cœur à l'intérieur ? Je ne trouverais pas âme qui vive, pas d'identité propre ? C'est important!

JMB : Ils sont chargés tous ces mots. Ils sont chargés d'un sens…

AG : Eh bien décharge-les si tu veux des sens associés mais… Alors je vais essayer de simplifier sans…

JMB : Bien sûr que oui, enfin, j'ai envie de répondre, déchargés de tout ce que je peux y voir, oui, oui, j'ai envie de, bien sûr il y a une identité…

AG : Donc tu n'es qu'un concept…, et moi de même. Et le labyrinthe n'est donc qu'une surface. La surface des multiples et diverses représentations qu'on peut se faire chacun du monde.

JMB : Oui. Oui, je crois, oui.

AG : Dans ce cas-là, alors, il ne faut pas en sortir du labyrinthe parce qu'on n'a rien d'autre. (*Bruit de vaisselle, chocs d'objets qu'on frappe.*)

 JMB : En sortir suggérerait qu'on ait quelque chose d'autre… (*Sonnerie de téléphone portable.*), qu'on puisse se passer du labyrinthe pour vivre. Le labyrinthe ne serait pas essentiel à notre…

AG : Eh bien l'essence, l'essence, voilà, justement, le labyrinthe ne serait que la surface conceptuelle mais l'essence…, dont l'essence nous échapperait. Sortir du labyrinthe, ça serait sortir paradoxalement à la lumière dans l'obscurité.

JMB : Mais est-ce que lui nous est essentiel, le labyrinthe ?

AG : Le labyrinthe c'est le plan de la ville. Sans le plan de la ville, tu es paumé comme n'importe quel voyageur.

JMB : Mais le plan de la ville n'est pas la ville.

AG : Toi tu dis que si.

JMB : (*Rire.*)

AG : Toi tu dis, contre… comment il s'appelle déjà ? « Une

carte n'est pas le territoire », comment il s'appelle déjà ?

JMB : Korzybski.

AG : Korzybski. Tu dis contre Korzybski qu'il n'y a pas de ville sous le plan, il n'y a qu'un plan. Il n'y a jamais eu qu'un plan. Que le mythe de la ville qui se cacherait sous la carte ou sous le plan est un mythe philosophique. Tu l'as dit, oui ou non ?

JMB : (*Rire.*)

AG : Tu as dit que l'âme qui vit sous la peau du concept est un mythe, tu es bien d'accord, selon toi. Que l'intériorité profonde, l'*esse* de l'individu était un mythe.

JMB : Ah bien ça, c'est le plan… ou c'est la ville ?

AG : Redit, redit!…

JMB : C'est le plan ou c'est la ville ça, là, précisément ?

AG : Quand je dis l'*esse* de l'individu ?

JMB : Oui.

AG : Ça serait la ville.

JMB : Ah d'accord! Pour moi, c'est l'inverse.

AG : C'est la substance, comment est-ce que ça peut être l'inverse ?

JMB : Pour moi c'est le plan ça.

AG : Pour toi la substance serait le plan ?

JMB : L'intériorité dont tu parles, enfin si je comprends en tous les cas, si je comprends oui, si je comprends bien de quoi il s'agit, pour moi cette intériorité-là n'est qu'un…

AG : N'est qu'un plan ?

JMB : N'est qu'un plan.

AG : Et l'extériorité ? Si l'intériorité était le plan, l'extériorité ce serait quoi ?

JMB : C'est la ville, c'est la ville!

AG : C'est la ville ?

JMB : Oui, c'est l'évidence, c'est ce qui se voit là…

AG : Ah mais je vois! On n'est pas polarisés de la même manière.

JMB : Exactement. On n'a pas le plus et le moins de la …

(*Rire.*) On n'a pas les plus et les moins qui se touchent. C'est pour ça qu'on en est arrivé à l'idée que le plan n'était pas la ville, que la carte n'était pas le territoire.

AG : Bon, alors, on a une divergence au niveau des représentations, au niveau des polarités. Pour moi, effectivement, soyons clair, l'intériorité représente ce qui n'est pas accessible au concept, donc la ville.

JMB : D'accord.

AG : L'extériorité, pourquoi l'extériorité ? Parce qu'à l'extérieur, comme chez Platon, il y a la lumière vraie…

JMB : Oui.

AG : Donc l'extériorité est la représentation rationnelle et donc le plan. La caverne qui représente l'intériorité, c'est le règne de l'obscur, du mystère…

JMB : Hmm, hmm.

AG : …, donc de la ville telle qu'elle serait en dessous, sous la surface du concept. Tu comprends un peu ?

JMB : Le concept c'est le cheval à l'extérieur, la lumière…

AG : Voilà, oui. C'est la rationalité.

JMB : D'accord.

AG : Et l'intériorité, la caverne, c'est le monde obscur que le concept n'a pas réussi à éclairer. Donc la ville. Tu comprends mon schéma ?

JMB : Les individus qui se situent à l'intérieur de cette caverne et qui voient, projetées sur le mur…

AG : Des ombres.

JMB : …, des ombres.

AG : Eux sont dans une semi-rationalité parce qu'ils ne sont pas, on l'avait dit, dans l'obscurité totale.

JMB : Métaphoriquement, c'est de l'introspection, ils ne regardent qu'à l'intérieur.

AG : Non, parce qu'il y a déjà un…, comment pourrait-on dire, un… un appareillage rudimentaire qui permet de produire une certaine lumière. Donc on n'est pas dans l'obscurité totale. Ils sont, comme tu l'as dit, dans l'introspection. Ils sont dans une rationalisation biaisée de leur signification.

JMB : Hmm, hmm.

AG : Ce n'est pas très clair ce que j'ai dit. Mais bon, bref, ils sont, euh… D'ailleurs non, ils ne sont pas du tout dans l'intériorisation! Parce que la caverne, dans la caverne, l'appareillage rudimentaire n'éclaire pas la caverne. Il n'éclaire pas l'intériorité. C'est un système de projection, pour projeter des illusions sur l'extérieur. Donc non, ils ne sont pas du tout dans l'introspection. Tu comprends ce que je veux dire ou pas ? Ce qu'ils voient n'est absolument pas l'intérieur. Ce qu'ils voient, comme au cinéma, c'est ce qu'on leur projette.

JMB : D'accord.

AG : Donc il n'y a pas d'introspection dans la caverne. Il y a un début de rationalité : la semi-obscurité qui est là uniquement pour échapper à l'évidence de l'intériorité, pour ne pas voir l'obscur. Si tu enlevais l'appareillage, ils prendraient conscience, ils seraient plongés dans l'obscurité, et là, ils seraient véritablement à l'intérieur comme toi quand tu es entré dans la boîte de nuit.

JMB : Hmm, hmm.

AG : Tu comprends ? Donc il n'y a pas eu d'introspection. D'ailleurs « introspection » est un oxymore : intro-spection…

JMB : Oui.

AG : On ne voit pas à l'intérieur. L'intérieur reste et demeure obscur au concept. Le concept ne peut pas voir à l'intérieur, et toute la psychanalyse, à ce niveau-là, pareille. La psychanalyse, cette tentative d'effraction de l'intériorité, n'est qu'un fantasme, une illusion de la ratio.

JMB : Hmm, je suis content que tu dises ça parce que…

AG : Si t'es content, j'suis content!

JMB : (*Rire.*) J'aime bien cette philosophie-là.

AG : Moi aussi, elle n'est pas fatigante.

JMB : Oui c'est ça, « Si t'es content, j'suis content. » Euh…
(*Bruit de tasse.*), donc l'introspection est un oxymore. Donc
on n'y verra rien…

AG : C'est même le signe qu'on est bien à l'intérieur, qu'on
n'y voit plus rien.

JMB : Alors, qu'est-ce qui te choque dans ce refus obstiné
chez moi, et systématique, d'intériorité ?

AG : Je sais très bien que l'exercice du labyrinthe repose sur
une illusion.

JMB : Ah!

AG : Illusion du plan de la ville, illusion de Korzybski, je le
sais, mais rien ne nous empêche de jouer le jeu de l'exercice
pour voir si l'on arrive à sortir de l'illusion, à sortir du plan.

JMB : Et cette sortie n'est possible que par…

AG : Parce qu'il y a une chose que je sais sur…, oui, que par
accident. Il y a une chose que je sais sur les labyrinthes aussi :
c'est qu'ils ne sont pas parfaits.

JMB : Non.

AG : Ça, l'homme le saurait, s'il avait réussi à construire un
labyrinthe parfait. C'est que ça déconne! ça marche mal. Ça
marche, ça structure, ça fonctionne, ses petites pièces se
mettent en place, mais ça ne marche pas toujours bien. Je me
dis : on a une chance de pouvoir provoquer, par la
contradiction, des accidents conceptuels, des accidents au
niveau des référents, qui nous permettent d'entrevoir des
fissures ou une sortie possible.

JMB : D'accord.

AG : Et ça, c'est le secret.

JMB : Tu serais un peu comme dans le… Tu serais un peu le
CERN en Suisse.

AG : Le quoi ?

JMB : Tu serais un peu…

AG : Ah! tu as demandé d'ailleurs à ton ami, là, ce que ça
signifie…

JMB : je ne l'ai pas revu. En fait, il est parti en vacances.

AG : Eh bien il faut lui demander, faut lui demander, hein!

JMB : (*Rire.*) J'ai changé en plus.

AG : Tu me l'envoies par texto quand…

JMB : Oui.

AG : …, quand tu le sais : « *Que meniosa* ».

JMB : (*Rire.*)

AG : Donc raconte-moi cette histoire suisse.

JMB : (*Rire.*) L'histoire suisse. Tu serais un peu comme le collisionneur de particules en Suisse, ce qu'ils appellent le CERN.

AG : Ah, le CERN! Ah voilà, je pensais, j'avais pensé à « cerf », moi, l'animal…

JMB : Non.

AG : et « cerne », je me disais un animal bizarre.

JMB : Le CERN.

AG : Non, le CERN, ah oui, un accélérateur de particules.

JMB : Tu cherches à créer des chocs entre particules…

AG : Exactement.

JMB : … pour retrouver le Big Bang.

AG : Pour me dire, voilà, qu'est-ce qui a pu se passer. Pas le…, ça c'est le Big Bang. Qu'est-ce qui a pu se passer ? Moi ça serait plutôt pour produire un Big Bang.

JMB : Oui, je te vois bien dans un…, tu as conçu le…

AG : J'ai conçu le CERN philosophique.

JMB : Le CERN philosophique, ça c'est très bien! Bravo!… Pour l'instant, il ont échoué. (*Rire.*)

AG : C'est peut-être ça, ce qu'on cherche tous : l'équivalent, dont le Big Bang ne serait lui-même qu'une métaphore, c'est à produire une collision fondamentale qui permette de donner sens à notre univers.

JMB : Sans notre…

AG : Au-delà de notre schématisation.

JMB : De notre subjectivité.

AG : Oui, voilà.

JMB : … prétendue objectivité.

AG : Que les lois ou… Où le monde se révèle de lui-même et qu'on soit enfin dehors.

JMB : Débarrassés de nos schémas.

AG : Débarrassés du plan. Que les murs du labyrinthe s'écroulent, que toutes les structures logiques s'effondrent et qu'on soit, comme tu l'as dit, nus comme au premier jour.

JMB : Très bien!

AG : Mais bon, à l'heure d'aujourd'hui, toi comme moi, nous sommes prisonniers de notre labyrinthe, de notre logique, de nos représentations, et on ne peut pas s'en débarrasser aussi facilement.

JMB : Ça ne risque pas de changer. Sauf à rencontrer l'autre en tant qu'autre.

AG : Est-ce que ce n'est pas un mythe, ça aussi ?

JMB : (*Rire.*)

AG : Je ne pense pas t'avoir rencontré comme un autre, par exemple.

JMB : Moi non plus.

AG : Voilà, on est d'accord. Je t'ai rencontré comme un prolongement direct de moi-même, hein ? Je t'utilise et je ne vois chez toi qu'un prolongement de mon labyrinthe. Alors que je suis sûr qu'il y a des aspects – je n'en suis même pas sûr d'ailleurs puisque je ne les connais pas –, mais je peux peut-être, quoi, j'accepte, ou j'imagine, ou j'entrevois qu'il y ait des aspects de Jean-Mickaël qui sont absolument incompatibles avec le plan de mon labyrinthe, et que donc je ne pourrai jamais intégrer. Mais comme de toutes façons je ne peux les voir, je ne pourrais pas les intégrer, je m'en fiche. Et réciproquement, parce que c'est pareil pour toi.

JMB : Bien sûr! Ce qui t'attire finalement dans le schéma philosophique, que ça soit le mien ou celui d'un autre, à partir du moment où il t'intéresse… Est-ce que ce qui t'intéresse, c'est nécessairement la ressemblance ? C'est-à-dire, tu sais, quand tout à l'heure tu me disais que si tu allais voir une personne prise au hasard, ce n'était finalement pas un hasard, qu'elle ressemblait au tableau que tu aurais accroché dans ton labyrinthe.

AG : À la photo de mon grand-père.

JMB : À la photo de ton grand-père. Donc, finalement, tu est allé vers elle et pas vers une autre. Est-ce que…

AG : Je n'ai fait que continuer !

JMB : …, Est-ce que tu n'as fait que continuer là-dessus, ou est-ce que ça joue aussi par, euh…

AG : Tu sais – je te coupe –, tu m'as dit, je reviens à ton superbe schéma que j'adore et que j'ai bien fait en plus, je me suis servi, là, de Photoshop et tout, je l'ai bien…

JMB : Ah oui ?

AG : Oui, je l'ai bien fait, il est pas mal. Tu le verras, il est bien fait, il est tout propre.

JMB : (*Rire.*)

AG : Tu m'as dit qu'il n'y avait pas de futur. Tu m'as dit que le futur n'existait pas, en fait, et que le présent…

JMB : Le futur est caché.

AG : Tu l'as dit plus fort que ça ! Tu as dit qu'il n'y avait pas de futur et que le présent, en fait, c'était que justement la rencontre, la diversité des expériences passées qui produisait la nouveauté du présent qui ne se limitaient elles-mêmes – ces expériences passées – qu'à ça, que… non ! Que le présent, la nouveauté n'était que ça, n'était qu'elle-même, à savoir la rencontre.

JMB : On est d'accord là-dessus puisqu'on ne fait que parler de ça depuis tout à l'heure.

AG : Voilà. Eh bien justement, je ne sais plus pourquoi tu disais ça mais euh… est-ce que la rencontre de Jean-Mickaël a apporté une nouveauté dans mon monde ? Eh bien, je te répondrai comme avec ton schéma : non. C'était ça la question ? je ne sais plus.

JMB : Je ne sais pas si c'était la question, je voulais juste une, un choix…

AG : Essaye de la retrouver.

JMB : Je voulais juste un choix entre : est-ce que ça ne se joue que par ressemblance, l'attrait…

AG : Oui. Voilà. Je te réponds comme sur ton schéma, ça ne se joue que par ressemblance.

JMB : Ça ne se joue pas par opposition ?

AG : Euh…, tu sais, chez Héraclite, les oppositions sont complémentaires.

JMB : Exactement.

AG : C'est elles qui font sens.

JMB : C'est ça que je vise.

AG : Donc je te dirais que si. Je suis, moi, héraclitéen et pas – je le rappelle pour le petit téléphone –, je ne suis pas aristotélicien. Je suis plus dans une logique, si on peut utiliser ce mot, de la contradiction, de l'antithèse…

JMB : Oui, il y en a un qui l'a pensé, c'est Lupasco qui a pensé ça.

AG : Comment tu l'appelles ?

JMB : Stéphane Lupasco.

AG : Stéphane Lupsaco ? On le mettra en petite note[1].

JMB : Un roumain.

AG : Un roumain.

JMB : Qui s'est fait naturaliser français.

AG : Un roumain.

JMB : Qui a écrit *Du devenir logique et de l'affectivité.*

AG : Tu l'as lu ou pas ?

JMB : Non, c'est un vieux livre que j'ai, de 73, chez Vrin.

AG : Oui.

JMB : C'est en deux volumes.

AG : Il faudrait peut-être le lire.

JMB: J'ai toujours gardé ce livre précieusement. Si tu veux je…

AG : Je veux bien que tu me l'amènes un jour et que tu me

---

[1] Stéphane Lupasco, 1900-1988, philosophe français d'origine roumaine qui développe l'idée d'une *logique dynamique du contradictoire.*

le prêtes, oui.

JMB : Bien sûr. Je te prêtes les deux volumes parce que je pense que ça pourrait t'intéresser, moi ça…

AG : Ah, c'est deux volumes!

JMB : C'est deux petits volumes.

AG : Ah, deux petits volumes. Ça va alors.

JMB : Tout est relatif mais…

AG : Je me méfie des philosophes.

JMB : Ce n'est pas un pavé en tout cas, on est loin du pavé. Ça peut t'intéresser. Je commence à me repencher dessus mais je n'y suis jamais allé.

AG : Pas encore, pas encore…, tu ne l'as pas encore retrouvé.

JMB : Je suis trop sur Whitehead et Wittgenstein.

AG : Oui.

JMB : Je n'ose pas encore sortir. Bref, parenthèse fermée.

AG : Donc, je reprends, oui, ta rencontre de l'autre, dans le prolongement, on peut avancer aussi par confrontation mais, pour moi, même ces confrontations… Tu es toi-même dans un labyrinthe, c'est-à-dire que toi-même, en tant qu'individu, tu te confrontes sans arrêt à toi-même! tu es d'accord ?

JMB : Hmm.

AG : Donc c'est pour ça que la confrontation n'est pas antinomique avec le prolongement de ses propres chemins. Puisque, si tu acceptes l'idée que tu es dans un labyrinthe, les chemins se contredisent. L'impasse est dans la nature même du labyrinthe. Il faut qu'il y ait des impasses!

JMB : Pour toi, c'est une contradiction interne au labyrinthe. Ça n'est pas une contradiction entre deux labyrinthes.

AG : Voilà, oui!

JMB : Pour toi, il n'y a pas de contradictions entre le plan et la ville! C'est une contradiction dans le plan, uniquement dans le plan.

AG : Holà, tu as été extrêmement vite, là.

JMB : Pardon. (*Rire.*)

AG : Je ne veux même pas parler de la ville. La ville, c'est le…, c'est l'île. L'île merveilleuse ou l'île mystérieuse, c'est l'île mystérieuse qu'on n'est jamais sûr d'atteindre. En tout cas, on ne l'a pas atteinte. Mais quand effectivement l'autre, qui n'intervient pas comme un autre mais comme un prolongement de toi-même, produit une contradiction dans ton labyrinthe, c'est ce qui te permet d'avancer, ce qui te permet de continuer. Comme tu pourrais en produire toi-même! C'est ce qui fait le labyrinthe.

JMB : Si pour moi l'intériorité est un mythe, pour toi, la ville est un mythe!

AG : Dans quel sens ? La ville, le plan de la ville ?

JMB : Non, la ville, cette île mystérieuse : un mythe. On en parle.

AG : Ah! l'île mystérieuse, oui, c'est, dans ton intériorité, c'est un mythe. À l'heure d'aujourd'hui.

JMB : Tout le monde en parle mais personne n'en sait rien.

AG : Eh bien non, je dis que ce n'est quand même pas un mythe. Elle existe d'une certaine manière parce que l'accident s'est déjà produit. J'ai déjà vécu des accidents et, dans ces moments-là, je sais une chose : c'est que je n'étais plus dans le labyrinthe…

JMB : Tu étais sur l'île mystérieuse.

AG : …, je n'étais plus dans le …, plus rien ne fonctionnait. Il n'y avait plus de galeries, il n'y avait plus de voies, il n'y avait plus de pièces. Aucune direction n'était possible. L'idée même de la direction n'était plus envisageable, ni celle de la contradiction ou de l'impasse… Et qu'à ce moment-là j'étais en-dehors du labyrinthe. Et je ne sais pas comment on y reste. Et je ne sais pas comment on y retourne. Je suis retombé dedans.

JMB : Tu cherches à retrouver le processus qui t'y a fait retourner ?

AG : Oui et non, peut-être, sûrement d'ailleurs en faisant ça, sûrement parce que je sais que j'étais bien quand j'étais dehors, mais je sais que ce qui est horrible, c'est que quand je suis retombé dedans… Le dehors aurait pu rester comme une image, comme un souvenir merveilleux, sauf que dès que je suis retombé à l'intérieur des méandres, à l'intérieur du labyrinthe, le labyrinthe a transformé immédiatement le souvenir pour le faire correspondre à sa propre structure, tu comprends ?

JMB : Alors j'ai une question.

AG : Oui ?

JMB : (*Rire.*)

AG : C'est rigolo d'inverser les rôles.

JMB : Oui (*Rire.*), c'est très drôle, ça me plaît beaucoup.

AG : C'est un bon entraînement pour toi.

JMB : C'est ça.

AG : Oui.

JMB : Exactement.

AG : Tu es un petit malin quand même, hein ?

JMB : Moi ?

AG : Non…

JMB : Ah toi! oui, euh…, c'était quoi ma question ?

AG : Tu avais une question.

JMB : Tu es sorti du labyrinthe par accident.

AG : Accidentellement, exceptionnellement.

JMB : Exceptionnellement, sur un temps très souvent court. Ça ne dure pas très longtemps ?

AG : Je vais te raconter, tiens, puisque c'est moi qui parle.

JMB : Alors allons-y.

AG : J'avais, je devais avoir entre…, on va dire 16 ans. J'étais en mobylette et je conduisais n'importe comment, à seize ans en mobylette et, en l'occurence, je conduisais sans casque et je chantais à tue-tête, je me souviens très bien de la chanson, c'était *Dancing with tears in my eyes*, « danser avec des larmes dans les yeux ».

JMB : Ce n'était pas Hubert-Félix Thiéfaine.

AG : Non.

JMB : Non. (*Rire.*)

AG : C'était *Dancing with tears in my eyes*. C'est une chanson que tu ne connais peut-être pas ?

JMB : Euh…, là, comme ça, euh, non.

AG : Bon, enfin, bref, si tu veux tu pourras l'écouter, *Dancing with tears in my eyes*. Donc je roulais donc au maximum de la vitesse d'une mobylette, une 103 Peugeot, donc, euh… légèrement trafiquée, c'est-à-dire dans les 60-70 km/h, en tout cas au compteur, et là je commence à embrayer pour éviter des feux rouges dans une esp…, rue qui est normalement à moitié une impasse, où il n'y a pas forcément de circulation…, et là…, je ne dis même pas à un mètre, même pas à deux mètres, immédiatement devant moi, une femme ouvre sa portière et je me prends la portière!… Sauf que je ne me suis jamais pris la portière. C'est-à-dire qu'en arrivant sur la portière – elle était là, hein, je n'avais même plus le temps de l'éviter –, je me suis…, j'ai fait ce qu'on appelle, ce qu'on appelle, ce que certains appellent, une sortie de corps. Tu vois ce que je veux dire ? Je me suis retrouvé à voir la scène d'au-dessus. Aujourd'hui, ça y est, j'ai oublié. Je ne me rappelle plus toute cette idée, je ne me rappelle plus de mon regard véritablement, tout a été retransformé. Mais je sais que je me suis retrouvé au-dessus et… comme au pilot…, comme aux manettes de pilotage, j'ai géré le personnage qui était au-dessous de moi, au guidon, qui a évité le… – j'étais quelques mètres, je n'étais pas très haut au-dessus! –, qui a évité la portière. Ça a cogné sur la portière! Au moment où ça a cogné sur la portière, un coup bref, la pédale, au moment où la pédale a légèrement cogné, ça a été comme la sonnerie du réveil-matin. J'ai réintégré et je suis retombé dans ma chanson, *Dancing with tears in my eyes*. Et là, quand je me suis retrouvé, j'ai fait cette sortie de corps comme on dit, là, j'étais dans un monde, ce monde, ça n'appartenait à aucun labyrinthe. Ce monde je ne sais pas ce que c'était! Voilà. Donc ça, c'est l'expérience que j'ai. Je ne peux pas y retourner. Alors bien sûr les labyrinthes ou les professeurs des labyrinthes vont nous dire que ça s'explique chimiquement par le cerveau qui produit je ne sais encore quelle substance…

JMB : Oui, oui…

AG : Je sais qu'il y a tout ça dans les labyrinthes, dans les différents labyrinthes ou alors des… des… des moines tibétains ou des chamans vont me donner d'autres explications, mais, à ce moment-là, je n'étais nulle part. Je n'étais nulle part. J'étais, je flottais, je n'étais plus du tout dans la carte, sur le plan. Disons que je me voyais, en tant que concept, sur le plan, mais moi, je n'étais plus conceptualisable, j'étais libre. C'est l'expérience. J'en ai eu d'autres mais c'est celle que je cite, la plus marquante.

JMB : D'accord, ça ruine ma question. (*Rire.*)

AG : Explique en quoi ça la ruine ?

JMB : Hmm, euh…, non mais en fait…, parce que sortir du labyrinthe et être content de cette sortie de labyrinthe, le simple fait d'en être content signifie pour moi qu'on y est déjà retourné.

AG : Je suis d'accord avec toi. Au moment où j'étais dehors, je n'étais pas content, je n'étais rien.

JMB : D'accord.

AG : Même l'accident de l'amour quand tu le subis, quand il se…, quand il naît, quand il se produit, à mon avis, tu n'éprouves rien… de conceptualisable. Tu vois ce que je veux dire ou pas ?

JMB : Hmm, oui.

AG : Tu n'es pas content, tu n'es pas heureux, tu n'es pas… tu es absorbé. Comme par un trou d'air dans un avion.

JMB : Je vois.

AG : Un porte s'ouvre et tu es aspiré dehors.

JMB : Mais l'instant d'après…

AG : L'instant d'après ?…

JMB : …, ton labyrinthe commence déjà à intégrer…

AG : Mystérieusement…, on t'a remis dans l'avion.

JMB : (*Rire.*) Ah, oui.

AG : Et la porte a été refermée.

JMB : Et toi tu pilotes.

AG : Oui. Ou tu as l'illusion de piloter.

JMB : D'accord.

AG : Donc, on te laisse croire, on te laisse essayer les commandes, on va dire. On te laisse toucher aux commandes.

JMB : (*Rire.*) On te laisse toucher aux manettes.

AG : On te laisse toucher aux manettes.

JMB : D'accord, ok…, ok, ok. Pas de question.

AG : Pas de question! (*Donne un coup de poing sur la table. Bruit de tasse qui sursaute.*)

JMB : (*Rire.*)

AG : Adjugé!

JMB : Pas de question.

AG : Adjugé. Alors, si tu n'as pas de question…

JMB : On en est où ?

AG : Bah, je te laisse déjà voir. Essaye, tiens, de faire le point un peu pour savoir où on en est, sinon, moi, je relance après. Et si je relance, je relance sur ta vision. J'abandonne la mienne, j'en ai assez dit. D'ailleurs, je vais voir quelle heure il est…, 15 heures, il nous reste…

JMB : Trente cinq…

AG : … trente minutes à peu près, oui, une trentaine de minutes.

JMB : Moi j'ai compris qu'on s'entendait sur beaucoup de points mais paradoxalement notre idée de…, sur les idées d'intériorité, de plan ou de labyrinthe, je ne sais pas si c'est similaire.

AG : Ah si! J'ai rarement vu des plans qui ne soient pas des labyrinthes.

JMB : Oui, des plans et labyrinthes qui visent la même chose, sur l'idée d'extériorité et de ville donc, on n'a pas du tout le même schéma!

AG : On est même inversés.

JMB : On est même inversés, et pourtant…, paradoxalement, on se retrouve sur beaucoup des… Je ne pense pas qu'on ait créé de mur aujourd'hui.

AG : Non. D'ailleurs, ce qui serait intéressant, c'est de comprendre pourquoi le mur s'est créé la dernière fois. Qu'est-ce qui devait être protégé, ou qu'est-ce qui ne fonctionnait pas ? Mais je ne suis pas sûr d'être en mesure de le dire, là, en tout cas.

JMB : (*Rire.*)

AG : Je me suis dit, pour faire simple, et tu vas réagir, je me suis dit, bon de manière assez stupide peut-être, ou primaire, je ne sais pas comment le dire, que tu voulais protéger à tout prix l'intériorité. Que le fait de la nier était un moyen, voilà, même la peau dans le labyrinthe, tout concourrait… D'ailleurs, ce que je voulais te demander, tiens! je vais te le dire, tu vas peut-être accepter de jouer le jeu.

JMB : D'accord.

AG : Un labyrinthe tendu de peaux. Je crois que ce sont des peaux qui sont encore vivantes, quelque chose comme ça…

JMB : Des peaux, oui, il y a encore une transmission entre la…

AG : Voilà…

JMB : Entre…

AG : Ou une communication…

JMB : … ce qui se passe à l'intérieur, une communication.

AG : Il y a encore une communication qui s'effectue. Donc, je me suis dit : voilà, il est dans cette… – je ne vais pas dire enveloppe –, dans cette galerie ou voie ou chemin qui est structuré donc, guidé par des peaux tendues ; mais moi, je me suis dit, rien ne m'empêche de sortir mon couteau suisse, de lui demander : « Jean-Mickaël, est-ce que tu accepterais, tiens je te donne un cutter et une lampe… », un peu comme dans les jeux de rôle.

JMB : Hmm, hmm.

AG : Je voudrais que tu déchires la peau…

JMB : Oui.

AG : … et que tu te laisses guider par ton intuition pour me dire ce qui, à ce moment-là, apparaît quand tu tranches ces parois ou ces paravents, ou comment appellerait-on ça ? ces espèces de tentures ou de…, ces peaux tendues qui te guident à l'intérieur.

JMB : Oui, je vois. Je dirais, comme tu l'as dit tout à l'heure, les déterminations, toute les déterminations qui ont abouti à la…, à la texture, à la couleur, à la forme de la peau qu'on vient de…

AG : Taillader.

JMB : … qu'on vient de taillader…

AG : Toutes les déterminations, comme des espèces de quoi ? d'insectes grouillants ? J'ai l'impression de voir une espèce de masse confuse de…

JMB : Non!

AG : …, de bestioles.

JMB : C'est des déterminations dont il parlait…

AG : Donc, tu verrais des concepts ?

JMB : … ce labyrinthe, en fait. Je verrais un plan de ville, ou un labyrinthe…

AG : Derrière la peau, tu verrais un labyrinthe ?

JMB : … qui est la détermination de la peau, de ce qu'on voit de la peau.

AG : Mais il serait de quelle, il serait sous quelle forme, ce labyrinthe ? Est-ce que c'est encore un plan, est-ce que c'est encore une surface ? Je veux dire, est-ce qu'après avoir tranché la peau, qui est une forme de surface, on retrouve le plan qui est une autre forme de surface ?

JMB : Ah, ah! vous jouez sur plusieurs…

AG : Je joue surtout sur la surface, sur la métaphore de la surface, sur les différentes métaphores que tu peux utiliser pour parler de la surface.

(*Grincement de porte qui s'ouvre.*)

JMB : On retrouverait une autre peau certainement. Pour moi on ne retrouverait que des surfaces, en fait.

AG : C'est ça, hein ?

JMB : Oui.

AG : Ça me fait penser à un film, *Brazil*. Tu l'as vu *Brazil* ou pas ?

JMB : Non, très mauvaise culture cinématographique.

AG : *Brazil*, c'est un film où il y a un personnage qui s'occupe de réparer les tuyauteries, qui est joué par Robert de Niro.

JMB : D'accord.

AG : Et justement, lui, il travaille dans la merde avec l'intériorité. Mais à la limite, voilà, c'est une espèce d'électron libre, il n'est pas vraiment, c'est un…, une sorte de terroriste à sa façon.

JMB : D'accord.

AG : Mais il travaille sur des canaux en fait, voilà, les canaux qui transportent la merde, qui transportent tout ça, là. Mais sinon on voit que, et il est tué par des papiers, il est tué par des surfaces, il est tué étouffé par du papier! Par de la surface, par du concept.

JMB : D'accord.

AG : Moi je vais te demander de manière assez crue…

JMB : (*Rire.*) Si je ne suis pas un terroriste ?

AG : Non. *Elle est où ta merde ?*

JMB : (*Rire.*) Elle est où ma merde ? Waouh! Elle est…, eh bien…, elle est comme ton île mystérieuse, elle est… (*Rire.*)

AG : Alors là, pour une réponse, c'est une sacrée réponse! Donc, en fait, l'île mystérieuse, l'horizon pour toi, sublime à atteindre, c'est la merde, c'est ta merde, c'est ça ?

JMB : (*Rire.*)

AG : Ça c'est un moment d'anthologie! Non mais attends, l'île mystérieuse, je te rappelle quand même que c'est le paradis, le paradis, la sortie bienheureuse, dans la béatitude, du labyrinthe. Et tu me dis que toi, je te demande où est ta merde, tu me dis : « Eh bien, elle est là, c'est comme ton île, c'est la… (*Rire.*)… béatitude ; c'est la sortie bienheureuse du labyrinthe, du concept. »

JMB : Je ne m'attendais pas à ça!

AG : Moi non plus.

JMB : Ce n'est pas vraiment ce que je voulais dire en plus, mais c'est…, c'est sorti comme ça.

AG : Eh bien, tu peux, tu sais dans un labyrinthe souvent on fait marche arrière, on repart dans une autre direction…, je t'en prie.

JMB : (*Rire.*)

AG : On peut fermer la porte des WC, hein ?…

JMB : Et repartir.

AG : Et repartir.

JMB : Bon.

AG : Mettre un peu de pschitt-pschitt!

JMB : Oui, un peu de bougie qui sent bon.

AG : Ou une bougie qui sent bon.

JMB : Ok.

AG : Et continuer son chemin.

JMB : Zut! Bon… (*Bruits de conversations dans le bar.*), ma merde est dans…, elle fait partie intégrante du labyrinthe, elle fait partie intégrante de…

AG : Oui, mais on ne la voit pas!

JMB : On ne la voit pas, non.

AG : Et pourquoi ne la voit-on pas ?

JMB : C'est un peu la merde que j'ai dans les yeux. On ne voit pas ce…, le caca d'œil qu'on a le matin dans l'œil, on ne le voit pas, pourtant on a du caca.

AG : Ah oui, donc ça reste pour toi, en fait tu supposes que dans ton labyrinthe…

JMB : C'est dans le plan.

AG : Mais tu ne la vois pas. Ce n'est pas accessible, c'est ça ? Elle n'était pas…

JMB : Non.

AG … rationellement…

JMB : Elle se fait accessible, elle se fait évidence…

AG : Comment se manifeste-t-elle ?

JMB : Eh bien justement…, dans les interprétations de la ville, dans les représentations de l'île mystérieuse.

AG : Est-ce que tu peux être précis ? Est-ce que tu…

JMB : Ce n'est pas l'île mystérieuse qui, en soi, est de la merde.

AG : Oui ?

JMB : C'est ma représentation de l'île mystérieuse, qui pour moi est la ville…

AG : Cette représentation, quand elle dysfonctionne, tu te dis : « Je dois avoir de la merde dans les yeux. », c'est ça que tu te dis ? sinon…

JMB : Ce n'est pas quand elle dysfonctionne, c'est : je ne sais jamais, j'émets toujours cette interrogation…

AG : Hmm, « N'as-tu pas de la merde dans les yeux ? »

JMB : Non, que ce que je vois n'est jamais délié de mes représentations ou de ma subjectivité, et donc de mon labyrinthe.

AG : Oui mais là, tu es reparti! Ce « caca d'œil », comme tu l'appelles…

JMB : (*Rire.*)

AG : …, tu ne peux pas le voir, tu l'as dit.

JMB : Il n'est pas dans le champ de vision.

AG : Il n'est pas dans le champ de vision. Là, on retrouve aussi un peu Wittgenstein.

JMB : Toujours!

(*Cris de femme dans la salle.*)

AG : Sauf qu'il ne parle pas de caca d'œil, à proprement parler.

JMB : Non, il parle de solipsisme.

AG : Oui, et il dit que l'œil tu ne le vois pas, c'est-à-dire que l'appareil qui te permet de visionner ton monde ne t'est pas accessible. Tu ne peux pas le voir, l'œil est hors du champ de vision.

JMB : Oui.

AG : Là, c'est le caca d'œil que tu ne vois pas. Qu'est-ce qui te permet de supposer, je n'ai pas compris ce qui te permettait de supposer, qu'il existe bien ? Je ne comprends pas ce qui te permet de supposer que tes yeux ne sont pas impeccablement propres ?

JMB : Eh bien le même, le même doute que tu as et dont tu m'as fait part au début de l'entretien, euh… qu'on puisse vraiment sortir du labyrinthe. Pour moi, c'est le même schéma.

AG : Donc ça reste complètement hypothétique! Tu n'as peut-être pas de « caca d'œil ».

JMB : Oui, oui, oui, exactement! Je n'ai peut-être pas de caca d'œil.

AG : Donc, quand je t'ai demandé : « Elle est où ta merde ? », tu n'en…, il n'y en a peut-être pas.

JMB : J'en ai peut-être. Je tends à croire que j'en ai! Mais je n'en ai peut-être pas.

AG : Parce que tu es pessimiste! De toute façon, rien, tu m'as dit, rien ne te permet d'affirmer que tu en as.

JMB : Non.

AG : Donc on dira que Jean-Mickaël a une tendance pessimiste…

JMB : (*Rire.*)

AG : …, mais qu'il ne peut en rien affirmer…

JMB : C'est ça!

AG : … qu'il a de la merde dans les yeux.

JMB : Tout à fait.

AG : Mais, quoi qu'il en soit, ton labyrinthe, quand on s'y promène, tendu de surfaces, est parfaitement clean. En apparence en tout cas.

JMB : En apparence tout est clean.

AG : Tout est clean.

JMB : Le labyrinthe est clean, les peaux sont clean, quand je coupe cette, ces peaux, quand je vais…

AG : Ah ça, je t'ai demandé de le faire. Je suis désolé, hein, on pourra les recoudre…

JMB : Ah non, non, non, non, non! On peut couper les peaux, il n'y a pas, aucun souci.

AG : Comme les indiens qui tendent des peaux, les tipis, tout ça, c'est des peaux tendues.

JMB : Oui et on peut les couper, il y aura d'autres peaux derrière.

AG : Il y aura d'autres peaux.

JMB : D'autres peaux, d'autres surfaces.

AG : On ne verra que des surfaces. Donc on accepte vraiment cette idée que ton labyrinthe est une surface.

JMB : Tu superposes le labyrinthe sur les surfaces ?

AG : Non! Je dis que son essence est d'être une surface.

JMB : Son essence est de n'interpréter ou de ne voir que des surfaces, oui. Pour moi, c'est plutôt un acte qu'un… être.

AG : Tu vois, on dit que la surface c'est deux dimensions. Pas de profondeur. Est-ce que, dans ton labyrinthe, est-ce qu'il comporte une idée de profondeur ?

(Bruit d'une pièce de monnaie oscillant rapidement sur une table avant de s'immobiliser.)

JMB : Est-ce qu'on peut dire que les strates sont des profondeurs ? Je ne sais pas.

(À nouveau le bruit de la pièce.)

AG Eh bien, c'est une accumulation de surfaces. Tu te rends compte…

JMB : C'est ça.

AG : Tu te rends compte à quel… Oui. Moi je trouve ça quand même étonnant ce souci que tu as de, de produire de manière illimitée des surfaces! Ça ne te fait pas, euh…

JMB : *(Rire.)* Flipper ?

AG : Non! Flipper ou halluciner, ou ça ne te fait pas, je ne sais pas, c'est incroyable : « Je suis une machine à produire de la surface. », quoi. Je vais t'appeler technicien de surface, tu vois.

JMB : Ah, c'est femme de ménage en… (*Rire.*)

AG : Oui. Et, en plus, ça va bien avec l'aspect propre et tout.

JMB : Oui, ma mère était technicienne de surface.

AG : Technicienne de surface.

JMB : Oui. C'est beau !

AG : Ça ne te fait pas…

JMB : C'est pour ça qu'on a dit que mon labyrinthe était clean.

AG : Oui.

JMB : Il n'y a pas de caca… Ça colle. (*Rire.*)

AG : Ça colle. Et ça colle aussi à la philosophie. Parménide pose le même genre de question à Socrate, savoir s'il y a une idée du poil, de la crasse, etc.

JMB : Et il a dit quoi ?

AG : Eh bien comme toi, ça l'embêtait.

JMB : (*Rire.*)

AG : Ça l'embêtait. Au royaume des philosophes, au royaume du concept, on est dans un monde de surfaces. Il n'y a pas de poussière, il n'y a pas de profondeur, il n'y a pas de recoins mystérieux, il n'y a pas… de merde. (*Bruit de vaisselle.*)

JMB : Oui, c'est nous qui la mettons la merde, je crois, c'est nous qui la…

AG : Qui nous ?

JMB : C'est nos labyrinthes… qui mettent de la crasse, de la profondeur.

AG : Mais tu m'as dit que dans ton labyrinthe tout était propre en apparence !

JMB : Dans le mien, oui ! si on parle du mien.

AG : Mais tu en connais d'autres ?

JMB : (*Rire.*)

AG : Non parce que je me méfie quand même.

JMB : C'est l'expérience de…

AG : De ta vision.

JMB : Je fais l'expérience d'une vision qui voit de la crasse, des poils et… de la merde !

AG : Oui, mais tu comprends, encore une fois, transformée.

JMB : Je la comprends à l'orée de mon labyrinthe, c'est sûr.

AG : Oui, de l'intérieur de ton labyrinthe.

JMB : Bien sûr.

AG : L'orée je ne suis pas sûr que tu puisses jamais même l'atteindre, non plus.

JMB : Très bien, de l'intérieur.

AG : Eh bien…, le labyrinthe de Jean-Mickaël…

JMB : (*Rire.*)

AG : …, tendu de surfaces organiques qui communiquent entre elles, chargé de toutes ses informations, de toutes ses déterminations, im-pe-ccablement propre…

JMB : Non, ça me va bien.

AG : Ça te satisfait ?

JMB : Je signe.

AG : Tu signes ?

JMB : Ah oui !

AG : Et tu n'en sors pas ?

JMB : Visiblement non.

AG : Tu sais que, pour reprendre, ta sortie, tu sais où elle se fera ? Tu l'as compris j'espère ? S'il y a un accident, il doit t'emmener où ?

JMB : (*Rire.*) Non.

AG : Dans la merde ! Ça sera le seul moyen pour toi de sortir, qu'on te foute dans la merde.

JMB : De passer par les tuyaux.

AG : Qu'on te mette dans les tuyaux, oui.

JMB : Dans les tuyaux de… Robert de Niro.

AG : Oui.

(*On entend un homme bâiller.*)

JMB : D'accord.

AG : Et ça c'est sûrement déjà produit. Tu as déjà, sûrement, accidentellement été plongé dans la merde. Ça reste bien sûr des métaphores…

JMB : Oh je le suis, je le suis régulièrement même, oui, je pense.

AG : Régulièrement, non, non, je parle de quelque chose de suffisamment impactant pour te sortir du labyrinthe, de la surface, de la propreté de la surface.

JMB : D'accord. De ce côté là, non. Non parce que je viens d'y arriver il n'y a pas longtemps, enfin ce labyrinthe-là, propre, clean, fait de surfaces, s'est construit au fur et à mesure mais…

AG : Ah, tu es nouveau locataire dans le paysage ?

JMB : Oui, je viens d'emménager. (*Rire.*)

AG : Tu viens d'emménager dans le paysage.

JMB : Et…,et oui, j'avoue trouver une satisfaction à ce mode de pensée. Et on constatera, après trois ans d'entretiens philosophiques en ta compagnie…

AG : C'est bien, fais un peu de publicité.

JMB : Exactement. (*Rire.*)

AG : C'était le moment pub.

JMB : – Pub – …, qu'au début je n'avais absolument pas, ou que je venais te voir parce que justement, peut-être, je manquais d'un mode de pensée, qu'il n'y avait pas de Jean-Mickaël, que…

AG : En tout cas de structure logique.

JMB : Mais qui avait peut-être un socle invisible…

AG : Oui.

JMB : …existant, euh… Eh bien, on est quand même passé de ça, à un mode de pensée aujourd'hui affirmé.

AG : Relativement affirmé.

JMB : Relativement affirmé. En tout cas, par rapport à ce que c'était avant, beaucoup plus!

AG : Sans vouloir me vanter, d'ailleurs, je te l'avais dit, hein ? tu le sais, j'avais déjà pressenti à certains moments que…

JMB : Le dictateur.

AG : Oui, voilà, celui que j'appelle dictateur. Que tu n'étais pas aussi évanescent ou fluant que ça!

JMB : Pour le coup, c'était une bonne…

AG : Oui.

JMB : La Pythie a eu raison. (*Rire.*)

AG : Merci. Tu vois, j'ai une petite question à te poser, même si le temps passe et qu'on va bientôt terminer. Ta mère était… technicienne de surface…

JMB : Oui.

AG : …, et correspond bien euh…, tu as fait le collage ? Mais il y a une chose dont je suis presque sûr, presque sûr…

JMB : (*Rire.*)

AG : …, c'est que ton père n'est pas « Monsieur Propre ».

JMB : Oui, vous pouvez en être sûr! Mais je vous ai raconté déjà.

AG : Tu m'en as déjà plus ou moins parlé.

JMB : Oui, je vous en ai déjà parlé.

AG : Donc là, si je vais un peu rejoindre le labyrinthe de ces messieurs les psychanalystes…

JMB : Là, vous allez toucher des cordes sensibles maintenant. (*Rire.*)

AG : Voilà, eh bien c'est la spécialité des psychanalystes, c'est leur tour de passe-passe favori… C'est que ta construction du labyrinthe est une protection pour oblitérer l'image du père.

JMB : Ah oui, alors là, c'est vraiment psychanalytique.

AG : Je t'ai dit que j'allais faire un tour chez le barbu.

JMB : Ah oui!

AG : J'ai le droit de me servir de toutes mes cartes.

JMB : Utiliser le barbu pour me… (*Rire.*) On ne peut pas faire plus en philosophie, si ?

AG : La psychanalyse – tu me parlais d'un cursus, et tu envisageais un cursus – est abordée dans le cursus philosophique. Elle en fait partie.

JMB : J'ai, je crois, définitivement abandonné cette idée.

AG : Pardon ? J'ai rien compris.

JMB : J'ai, je crois, définitivement abandonné…

AG : Abandonné cette idée ?

JMB : Cette idée.

AG : L'idée… – En fait, tu as fait le ménage, oui. –

JMB : Aussi.

AG : …que ton père pouvait…

JMB : Ah!

AG : … être la zone d'ombre que ton…

JMB : Moi je parlais juste de la reprise d'un cursus, c'est tout.

AG : Ah oui!

JMB : (*Rire.*)

AG : Tu as abandonné l'idée du cursus.

JMB : Oui.

AG : Non mais alors laissons là l'idée du cursus universitaire. Est-ce qu'effectivement tu pourrais dire, même si ça ne nous mènera pas forcément plus loin, que ta construction intellectuelle, l'échafaudage de ce labyrinthe impeccablement propre, tendu de surfaces, proche de l'image et dans la continuité de l'image que tu te fais de ta mère soit un moyen d'oblitérer et de masquer l'intériorité et la crasse de l'intériorité qui serait incarnée donc…

JMB : Par le père.

AG : … par le père qui représenterait le côté obscur de ta personnalité… Ce qui est d'ailleurs une vision assez paradoxale par rapport au schéma habituel, puisque c'est plutôt la mère qui va être normalement associée au côté obscur.

JMB : D'accord, je devrais…

AG : Tu n'es pas obligé de répondre, s'il y a un chemin…

JMB : La question c'est : est-ce que j'accepterais cette hypothèse-là ?

AG : Eh bien, est-ce qu'elle te parle, est-ce que tu la considères comme un chemin à suivre, est-ce qu'elle te fait réagir ou est-ce qu'elle est neutre ? Réagir négativement en disant « Pas du tout! », ce qui n'est pas toujours bon signe d'ailleurs, une réaction trop négative indiquant souvent le contraire de ce qu'elle voudrait affirmer. Ou alors tu es neutre et tu dis : « Pourquoi pas ».

JMB : Euh…

AG : Qui est un moyen plus habile de se défendre.

JMB : Philosophiquement, je m'en méfie.

AG : Hmm…

JMB : Egotiquement, je la refuse catégoriquement.

AG : Tu devais, tu as repris contact avec ton père ou pas ?

JMB : Toujours pas. J'ai volonté de le faire maintenant.

AG : Le…

JMB : Chose qui n'a pas été le cas depuis deux ans.

AG : Même si tu as de lourds griefs à son encontre, je pense que c'est important de…

JMB : Je le ferai, je sais que je le ferai. Je le ferai. Oui, je le ferai. Donc, égotiquement, je refuse catégoriquement cette hypothèse mais je dois avouer que je n'ai pas les moyens argumentatifs de…

AG : De l'invalider.

JMB : Oui, je ne peux pas l'invalider. Bon, cette hypothèse existe, au premier abord elle ne me semble pas totalement fausse mais il faudrait que je réfléchisse beaucoup à cette question pour la…

AG : Eh bien, aujourd'hui en tout cas, au moment « t » où tu te trouves dans ce labyrinthe, dans ton labyrinthe, je te dirais que la question se pose. Parce que, comme tu dis, tu as coupé les ponts avec ton père et tu as réussi à construire un équilibre et une structure mais… il manque…

JMB : C'était une nécessité! Je pense que c'était voulu. Les deux sans doute ils avaient besoin. Je vois ça comme deux chemins…

AG : Oui mais ton monde est amputé.

JMB : Certainement. J'ai dû m'amputer d'un membre de

famille pour le coup, j'ai dû m'amputer d'un membre pour euh… en retrouver un autre.

AG : Et c'est peut-être un peu bête ce que je vais dire mais on n'est heureux que complet. C'est-à-dire que tant que tu conserveras une zone d'incomplétude…, tu paieras un certain tribut, il y aura une certaine souffrance qui se manifestera d'une façon ou d'une autre.

JMB : C'est ce mythe – je confond tous les mythes (*Rire.*) – qui parlait de complétude entre les…

AG : La dyade qui est plus ou moins reprise par Platon. C'est ça la complétude des deux opposés.

JMB : On nous aurait coupé en deux et notre âme sœur…

AG : Ça, c'est dans *Le Banquet*.

JMB : Voilà, c'est ça que je…

AG : Il y a effectivement ce mythe de l'amour que présente Aristophane, où l'homme, à l'origine, aurait été tranché en deux et, depuis, les deux parties ne seraient heureuses qu'une fois rassemblées. Et là, tu t'es amputé de ta partie obscure.

JMB : Tout à fait. Mais je me suis « imputé » aussi une nouvelle…, enfin, je me suis retrouvé ou trouvé, je ne sais pas si c'est, oui…

AG : Tu vis dans la lumière…

JMB : J'ai…, oui, j'ai acquis une lumière…

AG : … d'un super supermarché…

JMB : Non!

AG : … totalement clean!

JMB : (*Rire.*) Ça m'était nécessaire, de posséder ça!

AG : Oui.

JMB : On peut l'interroger après, mais ça m'était nécessaire de me sentir avec un labyrinthe… clean.

AG : Mais est-ce que c'est ce que chacun, parce que là je m'en prends à toi, mais est-ce qu'on ne peut pas – parce qu'on est là aussi pour théoriser –, est-ce que chaque individu n'essaye pas justement dans son labyrinthe, perpétuellement, de faire le ménage ?

JMB : Ah!…

AG : C'est-à-dire de faire en sorte que les galeries soient propres et que les choses fonctionnent… J'ai l'impression que si, en fait! Je dirais même que c'est peut-être ça le labyrinthe : un effort pour organiser – sans jamais y parvenir, sinon ça ne serait plus un labyrinthe – l'ensemble des informations pour que tout soit clean.

JMB : La dissolution des problèmes.

AG : La dissolution des problèmes. Mais il en génère sans arrêt d'autres. C'est ce qui laisse supposer qu'il y a un monde à l'extérieur, qu'il y a une ville sous la carte! C'est que l'effort que tu fais pour dissoudre les problèmes, il y en a sans arrêt de nouveaux qui naissent. Mais si tu réussissais à les dissoudre véritablement, ces problèmes, tu pourrais sortir. Tu ne serais plus dans un labyrinthe!

JMB : Donc la merde ne serait pas dans…, ne serait pas partie intégrante du labyrinthe mais serait dans la surface ?

AG : Dans la surface, ou sous le labyrinthe ?

JMB : On a dit pour l'instant, on a …

AG : On a dit qu'il n'y avait rien dessous, dans ton labyrinthe!

JMB : … « hypothèsé » (*Rire.*)…

AG : Émis l'hypothèse.

JMB : …, émis l'hypothèse que la merde faisait…

AG : Partie intégrante.

JMB : … de mon labyrinthe, de mon plan.

AG : Mais que tu ne voulais pas la voir.

JMB : S'il y avait de la merde.

AG : Et je rajoute que ça ne tient peut-être pas qu'à toi, c'est qu'aucun de nous ne veut voir la merde qu'il y a dans son labyrinthe.

JMB : Ça je signe.

AG : Tu signes aussi ?

JMB : Ça je signe.

AG : Eh bien signons pour aujourd'hui.

JMB : Alors, c'est parti!

Séance 5 : dehors

AG : C'est parti… (*Bruits de klaxons.*) Donc, pour cette dernière séance, dernier entretien on va dire, je vais déjà te demander, Jean-Mickaël, est-ce que tu l'acceptes, quoi, comment tu considères, qu'est-ce qu'on a fait ? Est-ce que le travail a été fait pour toi ou pas sur ce labyrinthe, quoi, qu'est-ce que t'en retires, comment tu…, quel retour tu pourrais donner sur l'exercice, quoi, comment tu pourrais, euh…, est-ce que tu as…, voilà.
JMB : Alors…
AG : Je voudrais ton témoignage, ton…
JMB : Euh…
AG : Avec un léger recul de quelques semaines.
JMB : Oui il y'a eu un petit recul, là… La première expérience, c'est qu'on est jamais dans le…, alors attention, je vais m'enfermer dans plein de contradictions différentes mais j'ai l'impression qu'on n'est jamais dans le labyrinthe qu'on veut.
AG : Oui, moi je dirais que tu n'es jamais dans le labyrinthe tout court.
JMB : Oui, je ne suis jamais dans le… Oh!
AG : Ou en tout cas si, tu as crée un labyrinthe dont on reparlera.

JMB : On va y revenir, oui.

AG : On va y revenir mais bon, tu dis : « On n'est jamais…

JMB : Dans le labyrinthe.

AG : Eh bien alors, attends, laisse-moi un peu…

JMB : Oui.

AG : Parce que… On n'est jamais dans le labyrinthe qu'on veut parce qu'on est en échange, parce que dans l'exercice il y a une relation de communication.

JMB : C'est ça, ça ne se présente pas comme…

AG : Et effectivement tu ne peux plus te promener en toute autonomie dans ton propre labyrinthe.

JMB : Tout à fait, c'est ça.

AG : Tu es perturbé par l'autre et c'est ça aussi qui est intéressant.

JMB : On pourrait penser que, on pourrait penser que ça ne soit pas autant perturbé par l'autre…

AG : Et on se rend compte que si. Donc c'est un très bon exercice méthodologique, même théorique, quoi, il est très intéressant aussi à ce niveau-là. Et là je le perçois, là maintenant : c'est qu'il te permet de te rendre compte de l'impact de l'autre dans la relation de discussion, et cetera.

JMB : C'est ça.

AG : Tu as beau être censé parler de ton propre ressenti, de ta propre façon de te déplacer dans ton monde, l'autre vient le perturber.

JMB : Oui.

AG : Inévitablement.

JMB : Le sens qu'il me semblait, le sens que, qu'il me semblait avoir donné n'est pas forcément celui qui est, enfin n'est pas du tout celui qui est reçu, et…

AG : Non.

JMB : … c'est là où c'est difficile de, c'est là où l'expression est difficile, la communication est difficile. C'est un travail, euh… oui on aimerait, je crois qu'on aimerait tous parler et être compris du premier coup…

AG : Oui.

JMB : … pour pouvoir déterminer le sens.

AG : C'est un point également intéressant. On aimerait, quand on parle, être compris comme on l'entend, et on se rend compte, et on s'est rendu compte aussi, à travers cet exercice, que ça ne fonctionne pas!

JMB : Oui.

AG : Qu'il y a un parasitage, un déplacement du sens, un glissement, et que la communication définitive n'est jamais – comment pourrait-on dire ? – parfaitement opérationnelle, euh…, parfaitement efficace…

JMB : Oui, s'il y a des…

AG : …, parfaitement fonctionnelle.

JMB : Oui.

AG : Il y a des déperditions. Il y a des glissements inévitables.

JMB : Que le langage est imparfait.

AG : Pas que le langage est imparfait! Pas que le langage est imparfait!

JMB : (*Rire.*) Ah, il ne croit pas à ça, non ?

AG : Non.

JMB : Le langage n'est pas imparfait ?

AG : Que la communication est imparfaite.

JMB : … C'est quoi la différence entre langage et communication ?

AG : Eh bien, ce que je veux dire, c'est que la communication c'est le langage mis en relation de l'un à l'autre. C'est de la communication, c'est une relation, euh… altérée par la présence d'autrui.

JMB : Oui.

AG : Là, s'il y a communication… Le langage, on pourrait considérer, il y a le langage du locuteur simple ; là on est avec un interlocuteur. Il y a deux, il y a toujours, il y a *un* langage mais *deux* façons de l'utiliser, et c'est ça la communication.

JMB : D'accord.

AG : Et dans ces…, on voit que là, le langage, il est récupéré par chacun de manière légèrement différente qui fait que la communication n'est pas totalement fonctionnelle.

JMB : Hmm.

AG : Ce n'est pas tant le langage qui échoue, là…

JMB : Bien sûr.

AG : …, c'est la communication.

JMB : Ok.

AG : Et donc, qu'est-ce que tu voudrais dire d'autre ?

JMB : Et donc il y a toujours, euh… (*Bruit de klaxon.*) Eh bien, évidemment, découle de ça toujours une insatisfaction par rapport à la lecture de l'entretien, quand on fait un retour, enfin…

AG : Ah! quand tu relis, en fait, ce qui s'est passé.

JMB : Oui.

AG : Qu'est-ce qui se passe alors, tiens, vas-y, raconte-moi! ça m'intéresse.

JMB : Eh bien, il y a toujours une insatisfaction par rapport à…

AG : Toujours une insatisfaction…

JMB : …, à l'expression.

AG : … qui a trait à la communication, hein ?

JMB : Qui a trait même…, même pas qu'à la communication, même à l'expression des pensées ou à l'expression…

AG : Oui, oui, oui, oui, oui, oui, oui, oui, oui, oui, oui.

JMB : Oui, à la communication en tant qu'il faut…

AG : Ah! écoute bien Jean-Mickaël : c'est que tu n'es pas, tu ne te reconnais pas dans le texte écrit qui est un texte de communication. C'est-à-dire que *ta* pensée, en fait, tu me dis que ni dans la communication orale, ni dans la communication écrite tu ne retrouves l'expression originale ou originelle de ta pensée.

JMB : Oui.

AG : Et ça, ça te perturbe. Pourtant – j'ai envie de te dire quelque chose –, quand tu étais seul avec toi-même, perdu dans ton propre labyrinthe sans personne qui vienne te perturber, le langage te permettait de te déplacer de manière adéquate ou non ?

JMB : Totalement.

AG : Eh bien voilà! Donc ce n'est pas un problème de langage, c'est bien un problème de communication.

JMB : Oui.

(…)

AG : Je me suis aussi dit qu'aujourd'hui ça serait la dernière séance parce qu'on est au printemps… et qu'on n'est plus dans le labyrinthe, là, on est plus dans l'extériorité, on est bien dehors, là, non ?

JMB : C'est… Ah oui! oui, il y a un changement. Il y a un changement de saison, on passe de quatre labyrinthes faits en hiver à un labyrinthe au printemps.

AG : Voilà. Et c'est peut-être le moment de changer aussi.

JMB : On était quatre fois à l'intérieur.

AG : Quatre fois on était à l'intérieur, quatre fois on était en hiver et là, maintenant, c'est le printemps.

JMB : On en est sorti du labyrinthe…

AG : En tout cas on en est peut-être sorti du labyrinthe hivernal.

JMB : De la caverne!

AG : De la caverne ou du labyrinthe hivernal. Et je n'ai pas forcément envie d'entrer dans un nouveau labyrinthe. En tout cas pour ce travail, pour ce…

JMB : Pour ce dernier.

AG : Voilà… (*Sifflements d'oiseaux.*) Donc, je vais t'expliquer… Tu as quelque chose d'autre à dire ou pas ?

JMB : Là, pour l'instant, non.

AG : Bon, alors on va revenir. Pourquoi aussi arrêter sur ce cinquième entretien, considérer que l'ouvrage est terminé, quoi, que le travail, l'exercice est terminé ? Parce qu'on connaît ton labyrinthe! Tu nous as donné UN labyrinthe, UNE vision de ton intériorité relativement claire et tout ce qui devait se produire s'est produit, c'est-à-dire tous les effets que devait produire l'exercice ont été produits. On a un labyrinthe, une représentation de l'intériorité qu'on a nommée qui était la peau, hein ?

JMB : Oui.

AG : Un labyrinthe de peau TENDUES.

JMB : Oui.

AG : On a un accident : la peau elle-même, hein ? que tu n'attendais pas au tournant.

JMB : Oui.

AG : Tu as trouvé le concept de peau pour nommer cette intériorité telle que tu la concevais, le chemin tel que tu le parcours aujourd'hui. On a vu que cette peau, cette surface, que tu étais tout entier prisonnier de cette peau qui est surface et que tu refusais donc l'intériorité en tant que telle.

JMB : Oui.

AG : Que la peau c'était ta mère et que l'intériorité c'était ton père.

JMB : (*Rire.*)

AG : Et que tu avais fait le choix de la peau, pour l'instant.

JMB : Oui.

AG : De la surface. Et ta mère, rappelle-moi, sa profession, c'était quoi ?

JMB : Technicienne de surface.

AG : Technicienne de surface.

JMB : Pour ne pas dire femme de ménage.

AG : Pour ne pas dire femme de ménage. Un peu comme Socrate dont la mère était sage-femme, et qui s'est inspiré de son métier pour nommer son art, toi, tu privilégies la surface. La peau, la surface, l'extérieur. Tu as fait ce choix donc, j'ai envie de dire, et ce que j'ai envie de dire…

JMB : C'est très freudien, le rapport à la mère.

AG : Ah, eh bien Freud, il existe aussi.

JMB : Il existe, oui.

AG : On ne peut pas faire l'impasse sur Freud ou d'autres.

On ne peut pas faire l'impasse quand on est sur l'intériorité et qu'on travaille sur l'intériorité, on ne peut pas faire l'impasse sur ceux, comme on dit, les psychanalystes qui travaillent, précisément, sur l'intériorité. Bref. Donc, après ce petit détour, je voulais juste dire que dans un labyrinthe – ce que je n'ai pas dit, je pense, la dernière fois –, il y a un Minotaure. Le labyrinthe, dans sa représentation originelle, emprisonne une menace, un danger, l'intériorité proprement dite, le monstre, la monstruosité. Cette monstruosité, c'est censé être ton père. Elle est emprisonnée et contenue par le labyrinthe. Si tu déchires les peaux, toutes les peaux, les unes après les autres, de ton labyrinthe et de ton intériorité, tu tomberas nez à nez avec ton père. Et je crois que c'est pour ça aussi que tu ne veux pas toucher à ces peaux. Tu ne veux pas les toucher. Tu ne veux pas les déchirer. Tu ne veux même pas bouger.

JMB : Hmm, hmm.

AG : Ce que je te propose, ce sont des hypothèses, dans ton monde, hein ? tu les reçois, moi je les jette, hein ?

JMB : (*Rire.*) Oui, oui!

AG : Dans ton univers, dans ton labyrinthe. Après, c'est toi qui va me dire comment tu les…, comment ton labyrinthe les récupère. Donc, le Minotaure, je dis que c'est ton père. Ce n'est pas forcément ton père, il n'y a pas forcément de Minotaure dans ton labyrinthe, il est peut-être vide, ce n'est peut-être qu'une simple surface, j'en sais rien. Tu m'as dit une petite chose aussi sur laquelle je voudrais revenir quand même. Tu m'as dit que ces peaux tendues… À un moment donné, tu m'as dit que c'était des peaux animales. En tout cas des sortes de peaux animales. J'aurais aimé savoir quel animal ? C'était de la peau animale, tu m'as dit un moment.

JMB : C'est vrai ?

AG : Oui, de la peau organique mais possibilité que ce soit la peau d'un animal. Alors, est-ce que c'est un animal ? Quel animal ? Et, si tu acceptes parfaitement l'assimilation, à mon avis, hein, de la peau et de ta mère, d'assimiler la peau à ta mère…

JMB : Hmm, hmm.

AG : …, c'est-à-dire la technicienne de surface, apparemment ne te pose aucun souci, je ne te vois pas réagir…

JMB : Non.

AG : J'ai l'impression que ton poil se hérisse beaucoup plus…

JMB : (*Rire.*)

AG : … quand on assimile le Minotaure et l'intériorité à ton père.

JMB : Oui, ça me remue plus!

AG : Je voudrais savoir pourquoi ça ne pose aucun problème pour ta mère et pourquoi pour ton père ça pose problème, si ce n'est pas lui la présence cachée, si ce n'est pas lui, justement, le Minotaure ? Donc, est-ce que tu peux réagir et te positionner, Jean-Mickaël, s'il te plaît.

JMB : J'aime bien le…, j'apprécie le symbolisme entre la peau, la propreté, la…

AG : Donc, ça fonctionne dans ton monde, ça.

JMB : Le monde, le monde, oui, d'impuretés, de…

AG : Ça, ça marche.

JMB : Ça marche.

AG : Ça marche dans ta logique.

JMB : Ça peut marcher dans ma logique.

AG : Ça ne produit pas de perturbations.

JMB : Non, ça ne produit pas, oui.

AG : Donc, ça fonctionne dans ton monde. Ok. Eh bien, c'est déjà pas mal.

JMB : En revanche, l'idée de l'intériorité, de cette euh…

AG : De papa tout sale!

JMB : Je ne sais pas si c'est une négation, ou une euh… Si c'est une volonté de nier, ou une volonté de… Ou il n'y a tout simplement pas d'intériorité, c'est-à-dire une, euh…

AG : Mais alors – je vais être méchant –, je dis : jouons le jeu de la psychanalyse jusqu'au bout. Papa ? il est où ?

JMB : Papa, en ce moment, il est…

AG : Non, pas en ce moment, dans le labyrinthe!

JMB : Ah…

AG : Parce que ta mère, apparemment, l'association se produit très bien. Papa, il a sa place dans le monde de Jean-Mickaël, dans l'intériorité, ou pas ?

JMB : Ah oui, totalement!

AG : Il est où ?

JMB : Il est où ?

AG : C'est la peau, papa, non ?

JMB : Ah, hmm… C'est, allez, on pourrait… On a dit que cette peau pouvait être possiblement une peau animale, et, sur la peau de certains, enfin, sur la peau des animaux ou de certains d'entre eux, il y aurait ce… ce… cette couverture de poils, et, en imaginant que ces poils soient de différentes couleurs ou, en tous les cas, de différents dégradés, euh…, enfin, on pourrait imaginer que la surface, dégradée…

AG : Dégradée, tu vois…

JMB : De différentes nuances.

AG : Attends!

JMB : (*Rire.*)

AG : On va passer un peu de Freud à Lacan, si tu veux bien.

JMB : Ah, d'accord.

AG : Est-ce qu'on entend « dégradée »…

JMB : Non, non, il ne faut pas l'entendre comme ça.

AG : …, genre un dégradé ou dégradée, abîmée ?

JMB : Non, dégradée, juste nuancée.

AG : Juste des nuances de couleurs.

JMB : Oui.

AG : C'est bizarre, à un moment, j'ai entendu « dégradée », dégradation.

JMB : Non, non, non.

AG : Non, non, non.

JMB : Non, nuances de couleurs (*Rire.*). Juste une nuance de couleurs. Je crois que mon père c'est ça, ça serait ça dans le labyrinthe. Sur la peau, il y aurait cette nuance-là, ou ces nuances-là.

AG : Ces nuances de couleurs.

JMB : Oui, ça serait ces nuances. Euh, alors pourquoi ça serait ces nuances de couleurs ou qu'est-ce que je vise par là ?…

AG : C'est joli, en tout cas, c'est très poétique.

JMB : … C'était l'idée…

AG : Ça me rappelle, il y a toujours une vision très poétique, quand tu m'avais parlé aussi une fois de ces… ces quoi ? ces petits éléphants, c'était quoi ?

JMB : Oh oui, il y a longtemps!

AG : C'était ?

JMB : Je ne sais plus, alors là! Oui! Les petits éléphants en pâte d'amande.

AG : Les éléphants en pâte d'amande! Là, tu me parles des nuances comme ça, sur une carapace, sur cette peau qui est comme une carapace protectrice, hein ? ce qui est la structure même du labyrinthe, des nuances de couleurs, et tu m'as dit qu'il n'y avait pas de dégradé, rien d'abîmé. On a quand même quelque chose de très doux, on a vraiment l'impression paradoxale – je ne m'y attendais pas du tout – que ton père amène la dimension poétique à ton univers.

JMB : Oui, oui, très possiblement.

AG : Alors que ta mère serait plutôt la structure et le côté rigide…

JMB : Oui.

AG : …, ton père amène la poésie et donc aussi les nuances du sentiment, de l'émotion, de l'intériorité. Il ne serait pas porteur, dans ce cas-là, comme un Minotaure, de la monstruosité, du sale, en fait. Il serait porteur… À travers ton père, tu exprimerais tes sentiments, et c'est ça que tu n'aimes pas trop faire. Ce n'est pas tant la saleté…

JMB : Exactement.

AG : C'est manifester tes émotions.

JMB : Et quand je dis, quand je dis…

AG : Mais, par contre, quand tu le fais, tu le fais avec une très grande douceur. Ça ce sont les nuances.

JMB : Quand je dis « nuances », c'est dégradé, une « colorité » différente.

AG : Oui, une couleur différente, oui.

JMB : Euh, j'entends justement, sur ces surfaces, sur ces uniques surfaces, qu'il faut, qu'il s'agit de lire, ou de déchiffrer, puisque mon monde est fait de surfaces, comme on l'a dit.

AG : A été construit, oui, tu l'as construit comme ça.

JMB : Construit de surfaces et de peaux. La lecture de ce monde, la description de ce monde ou son interprétation, se fait par l'intermédiaire des nuances, de ce qui est inscrit sur la surface.

AG : Et pourquoi est-ce qu'il a fallu attendre le cinquième entretien pour voir apparaître la poésie de ce monde, c'est-à-dire les émotions, les sentiments ? Pourquoi est-ce que tu ne les donnes pas dès le départ ?

JMB : Oh, parce qu'il doit y avoir certainement la notion de temps qui doit jouer là-dedans.

AG : C'est-à-dire ?

JMB : Peut-être que le temps…

AG : Parce qu'aujourd'hui le temps s'y prête, parce que c'est le printemps ?

JMB : Non, le temps…

AG : Comme les fleurs sont sorties, là-bas, c'est joli, hein ? lorsqu'elles sont piquées comme ça.

JMB : Non, plutôt le temps de l'horloge.

AG : Le temps de l'horloge, c'est-à-dire ?

JMB : C'est… Un temps qui façonnerait quelque chose, qui continuerait à…

AG : Ah, tu penses que tu n'aurais pas pu mettre le doigt dessus au début, c'est ça ? Les nuances…
JMB : Non.
AG : … de la surface, tu n'aurais pas pu les donner au départ ? Ça a été élaboré…
JMB : Ça s'élabore, oui. Et ça, c'est le…, ça, c'est un cheminement, enfin, c'est tout ce trajet.
AG : Ça va au-delà du labyrinthe, c'est-à-dire au-delà de l'exercice ?
JMB : Oui, certainement.
AG : Tu dirais qu'aujourd'hui, progressivement, tu travailles, après avoir rigidifié la surface, structuré ton intériorité comme une surface, tu commences à te sentir plus en sécurité et à travailler les nuances ? Tu dirais que c'est le chemin vers lequel tu tends aujourd'hui ?
JMB : Oui.
AG : Les reflets irisés de la surface.
JMB : Si j'admets que ce labyrinthe me plaît dans sa conception…
AG : Dans sa peau, donc, dans la peau.
JMB : Dans sa peau…
AG : Oui ?
JMB : …, et si j'ai le droit d'y apporter certaines touches…
AG : Ah bien, c'est le tien. S'il y en a bien un qui peut apporter des trucs, c'est toi!
JMB : (*Rire.*) Eh bien, allons-y! On ne va pas s'en priver.
AG : Et je voudrais te demander, en-dehors de l'exercice lui-même, tu dirais que ça se manifeste comment concrètement cette, ce travail sur les nuances que tu n'avais peut-être pas avant ? Est-ce qu'on en voit des manifestations concrètes aujourd'hui ? Une nuance qui renvoie quand même, je te le rappelle, à l'émotionnel, aux sentiments, à l'expression de…, voilà.
JMB : S'il m'a permis d'ajouter ces nuances-là et si je peux aujourd'hui…

AG : Qui çà ? Qui çà!

JMB : … en parler, moi, de ces nuances.

AG : Non mais : « s'il m'a permis », tu parlais de qui ?

JMB : Enfin s'il m'a permis, dans le sens où…

AG : Ah! le labyrinthe.

JMB : … il m'est donné, enfin…

AG : Ah, « s'il m'est permis », ok.

JMB : …, d'apporter un peu plus de détails, c'est certainement, enfin le fait qui se présente là-dedans, pour moi en tous les cas c'est le plus visible en quelque sorte, c'est son acceptation. Si je n'acceptais pas ce labyrinthe-là et cette peau tendue, etc., je n'en apporterais pas des touches, je n'essaierais pas, il n'y aurait certainement pas de nuances poétiques et il n'y aurait certainement pas tout ça. Alors que le fait de l'accepter permet aussi de continuer à le travailler. Quand on n'aime pas une œuvre ou quand on n'aime pas ce qu'on a déjà produit, généralement on n'essaie pas de le peaufiner, on le jette à la poubelle et on passe à autre chose. Enfin, moi, en tous les cas, c'est ce que je ferais.

AG : Tu as apprécié cette construction interne comme une surface, c'est ça ?

JMB : Non, en en appréciant la construction, on continue à le travailler.

AG : Et cette fois, tu lui donnes des nuances.

JMB : Oui, là on peut continuer à donner des nuances.

AG : Est-ce que tu as, pour changer de sujet ou, oui, changer de sujet, la réponse à la question que je t'ai posée ou toujours pas ?

JMB : Non, toujours pas, non. J'ai oublié.

AG : Je vais devoir demander à un professeur d'espagnol, c'est ça ?

JMB : (*Rire.*) J'ai oublié le, la circonstance…

AG : C'est incroyable! Est-ce que tu te souviens exactement de ce qu'il te disait, au moins, que je puisse demander à un professeur d'espagnol ?

JMB : Non, parce qu'il faut que je retrouve la circonstance du…, de la demande salace. C'était une, c'est une expression que j'ai utilisée moi-même en français, dans un contexte particulier, comme un jeu de mots, on va dire, qu'on dit en français ou que ma mère, je crois, disait elle-même.

AG : Et tu ne t'en souviens plus ?

JMB : Je ne me souviens plus de ça. Et lui m'a répondu : « On le dit aussi en espagnol, et on le dit de telle manière. », et je l'ai oublié.

AG : Mais pourquoi tu ne me le donnes pas, tu ne… Quel lien avec le *que pasa* ?

JMB : Eh bien, il faut que je re…, il faut que je re…

AG : Et tu penses qu'on va y arriver, un jour, à résoudre cette énigme ? ou pas.

JMB : (*Rire.*)

AG : Si tu ne m'aides pas ?

JMB : Mais je veux bien vous aider!

AG : Parce que là, tu es en train de me dire que, même si…

JMB : Il faut que j'en appelle à ma mémoire et c'est très loin!

AG : Non mais au type, le type aussi, le collègue!

JMB : Oh là là! Mais il ne s'en souvient plus de ça.

AG : Mais si, si tu le remets, si tu lui dis : « Un jour, je t'ai dit *que pasa*, tu m'as répondu quelque chose. »

JMB : Un truc avec les poissons, je suis sûr qu'il y avait *pecado*[1] dedans.

AG : Il y avait *pecado* ?

JMB : Oui, il y a un truc avec les poissons dedans.

AG : Eh bien voilà, tu lui dis « *que pasa* », « *pecado* », « les poissons », on va bien y arriver. Est-ce que tu peux me le faire ? C'est important, tu sais pourquoi ? Parce que c'est une énigme de ce travail.

JMB : C'est une énigme ?

---

[1] Poisson se dit, en fait, *pescado*, en espagnol. *Pecado* signifiant, quant à lui, péché.

AG : Donc elle doit être résolue.

JMB : (*Rire.*) Il n'y a pas d'énigme.

AG : Le travail du labyrinthe, de cet exercice, de ce labyrinthe ne pourra pas être résolu et terminé si on n'a pas la clef de cette énigme.

JMB : Ah, mon Dieu!

AG : Je dirai même quelque chose en plus, je pense titrer, donner comme titre principal…

JMB : Ah bon ?

AG : … cette réponse en espagnol.

JMB : Ah ? Oh là là! Ah, j'ai la pression, là.

AG : Tu as la pression.

JMB : Ah oui!

AG : Donc tu vas faire ces recherches.

JMB : (*Rire.*)

AG : Et tu vas me le renvoyer par texto ou quelque chose, m'expliquer de quoi il s'agit, de quoi il retourne.

JMB : Bon, on va essayer.

AG : Bon, revenons à nos moutons.

JMB : Nos moutons.

AG : Où en sommes-nous ? Tu disais que tu commençais à travailler les nuances. C'est pour ça, tu vois aussi c'est bien quand je dis qu'on est sorti, qu'on arrête le labyrinthe. Effectivement, là, il s'agit de quelque chose d'autre.

JMB : Oui.

AG : Depuis le début, tu t'es battu. Depuis le début de l'exercice, tu t'es battu. D'abord tu t'es battu en refusant de te déplacer, puis en me générant un labyrinthe, c'est-à-dire une intériorité, une représentation logique de ton intériorité qui n'était que surface – un paradoxe immense –, la peau.

JMB : Oui.

AG : Et là, tu dis : « Voilà, j'ai arrêté de me battre, je ne me bats plus, je commence à nuancer cette structure qui était avant tout une structure de protection. »

JMB : Oui!

AG : C'est pour ça aussi que j'ai dit que l'exercice me semblait terminé. On pourrait continuer!

JMB : Effectivement.

AG : Mais, voilà, ça serait un autre labyrinthe, ou, en tout cas…

JMB : On commencerait autre chose.

AG : On commencerait, ça serait une évolution significative dans le labyrinthe qu'il n'est peut-être pas utile de travailler ici.

(*Voix masculines, lointaines, assez agressives. Bruit de moteur d'un deux-roues s'éloignant lentement.*)

JMB : Je ne sais pas sur quoi je peux rebondir.

AG : C'est incroyable comme on est à l'extérieur, là quand même, hein ? par rapport à tout ce qu'on a fait les quatre autres séances. Ça change beaucoup de choses d'être dehors, d'être…

JMB : C'est aussi un retour là où on a déjà été.

AG : C'est aussi un retour…, oui, là où on a déjà été.

JMB : C'est un endroit qu'on connaît bien… (*Rire.*)… pour nos pratiques philosophiques.

AG : Sauf qu'on n'y avait jamais traité, voilà, on n'avait jamais parlé du labyrinthe ici.

JMB : Non.

AG : Je ne suis pas sûr, tu sais ce que je suis en train de me dire, en fait ? Est-ce qu'il est facile de mener l'exercice du labyrinthe dans un environnement a priori ouvert, comme ici un square ou un jardin, au printemps d'autant plus ?

JMB : Je ne sais pas si ça tient à l'aboutissement de notre travail ou si ça tient au caractère ouvert de l'environnement, mais oui, ça me semble plus facile.

AG : Plus facile ici ?

JMB : Oui.

AG : Incroyable. Moi j'aurais dit le contraire, plus difficile.

JMB : C'est vrai ?

AG : Oui.

JMB : Ah bon.

AG : Eh bien, puisque c'est plus facile apparement pour toi, vas-y, je t'écoute.

JMB : (*Rire.*)

AG : Dis-moi comment tu bouges.

JMB : Comment je bouge ?

AG : Oui, avec ton gros livre sur tes genoux.

JMB : (*Rire.*) Oui, euh, eh bien, il s'agit de continuer ce labyrinthe…

AG : Pas vraiment de le continuer. Il s'agit de conclure l'exercice en essayant de…, voilà, sans se forcer non plus, hein ? si euh…

JMB : C'est une rétrospection.

AG : Ben, faut voir, voilà, il nous a emmené quelque part, on le sait. On a vu, on a la construction, on a la structure, on a la peau. Tu as amené aujourd'hui quelque chose de très intéressant, l'idée de travailler sur les nuances. Ce pelage, en fait, ce pelage qui représente ton père, ce dégradé…, c'est joli. Comme quoi ? Comme les éléphants en pain d'épice, c'est ça ?

JMB : En pâte d'amande.

AG : En pâte d'amande.

JMB : Sur des gâteaux d'anniversaire.

AG : Sur les gâteaux d'anniversaire. C'est très poétique.

JMB : (*Rire.*)

AG : Moi, la question, la dernière question que je te pose – mais, pour l'instant, tu n'as pas voulu la traiter – : pourquoi refuses-tu, ou, en tout cas, es-tu si…, te protèges-tu autant… de cette poésie qu'exprime justement, qui est incarnée par ton père ? Parce que c'est flagrant, à chaque fois, hein ? À chaque fois, honnêtement, la…

JMB : (*Rire.*)

AG : Non mais attends, je ris pas! Je suis frappé, à chaque fois, de la poésie des images utilisées, quoi. Autant les éléphants en pâte d'amande, dans ton univers, c'était, c'est pas, tu vois, je m'en suis rappelé…

JMB : Ah oui, oui, oui.

AG : … après des années et là, pareil, les nuances, le pelage, alors qu'on était sur la peau, hein, quelque chose qui est quand même…, d'assez macabre. On avait vraiment un peu l'impression d'animaux dépecés, de…

JMB : Non, c'est un tapis. Oui, oui, c'est euh…

AG : Ça n'avait alors, en tout cas, rien de poétique…

JMB : (*Rire.*)

AG : …, mais alors rien! Et là, ce poil tout d'un coup, attends, ce poil dégradé, d'aspect lisse, soyeux, quelque chose de…, voilà, la poésie qui revient, mais pourquoi toutes ces précautions ? Pourquoi ne pas t'exprimer naturellement avec ce côté paternel, en tout cas incarné par le père, qui est celui de l'émotion et de la poésie ? Pourquoi mettre euh…, voilà, moi c'est ma seule question.

JMB : Euh…

AG : Pourquoi ne pas donner à voir, dès le départ, la beauté de ton univers intérieur ? Ce que je veux dire, voilà, c'est ça.

JMB : En gros, pourquoi en passer par la peau pour parler de sa mère et pourquoi en parler par…

AG : Non! Non, non, non.

JMB : Non ?

AG : Quand tu parles de ta mère, que tu dises la peau ou que tu dises « ma mère »…

JMB : C'est pareil.

AG : …, l'aspect poétique n'est jamais mis en avant. Par contre, quand tu parles de ton père, on est dans l'émotion, on est dans le poétique. On est dans la crasse, ou dans le pelage, dans la beauté, mais on est dans le poétique.

JMB : Oui.

AG : Je veux dire : pourquoi est-ce que cet aspect poétique, émotionnel, intérieur de ton univers, il faut attendre ? Pourquoi est-ce que tu le donnes aussi difficilement à voir ? ou à entendre, surtout.

(*Bruits de pas sur le gravier.*)

JMB : …

AG : Tu peux accepter ou refuser, tu peux dire : « Mais je suis pas d'accord. Le chemin sur lequel vous avancez, euh… n'est pas un chemin de mon monde. »

(*Bruits de pas sur le gravier.*)

JMB : J'imagine que c'est la façon d'en parler la plus juste pour moi ou la…, enfin pas la plus juste, on va dire, comment, c'est la façon d'en parler dont le sens se fait le plus clair à chaque fois que j'utilise ces images-là, enfin, pour parler de mon père, il est plus évident d'utiliser ces images-là, elles sont plus parlantes…

AG : Des images poétiques.

JMB : …, et dans la communication, elles fonctionnent puisque…

AG : Oui ?

JMB : … il y a un certain raccord entre ce que j'évoque et ce qui est ressenti et, donc, voilà, pourquoi en passer par…

AG : Bon. Ah tiens! ça me fait penser à quelque chose. Ça fait combien de temps que tu as coupé avec ton intériorité ?

JMB : (*Rire.*) Ça, je ne sais pas. Si tu…, si « intériorité » est l'analogue de mon père…

AG : Eh bien, oui.

JMB : …, ça fait deux ans.

AG : Ça fait deux ans.

JMB : J'en suis pas fier, hein, mais euh…

AG : Et pourquoi avoir coupé avec l'intériorité ? Tu avais dit que tu avais besoin de te reconstruire, c'est ça ? Tu avais besoin de te solidifier, te construire comme une surface, c'est ce qui t'as permis de te renforcer, de te tenir vraiment…, non ?

JMB : J'avais besoin, oui, j'avais besoin de me construire et c'est passé par la philosophie, mais…

AG : Qui n'est que surface.

JMB : Alors après, je ne sais pas où est la surface dans tout ça mais, en tous les cas…

AG : Le concept est une surface aussi.

JMB : Euh…

AG : Tu vois, regarde, on comprend mieux encore cette phrase : « Le plus profond c'est la peau. »

JMB : Oui.

AG : Pour un philosophe, le plus profond, c'est la peau.

JMB : Non mais je suis d'accord avec ça.

AG : C'est qu'il ne peut pas aller au-delà de la surface, le philosophe.

JMB : Exactement.

AG : Le poète peut y aller.

JMB : Oui.

AG : Le poète peut percer la surface.

JMB : Oui.

AG : Le poète peut mettre la tête sous l'eau, pas le philosophe.

JMB : Oui.

AG : Parce que – ce qui est très simple – si le philosophe met la tête sous l'eau, il perd l'universel.

JMB : D'accord.

AG : Il tombe dans la singularité, dans le cas unique. Il tombe dans la psychanalyse.

JMB : D'accord.

AG : Ou dans la poésie. Donc il ne peut pas.

JMB : Ce n'est pas ce que fait le philosophe ?

AG : Le philosophe ne peut pas le faire. Il perd la philosophie en faisant ça, il la perd. Il perd la philosophie classique, académique, la philosophie théorique, la philosophie du concept.

JMB : D'accord.

AG : Un concept n'a pas d'identité propre. Un concept est universel ou, du moins, tend à l'être.

JMB : Euh…, grande question.

AG : Tu opines du chef. Ça veut dire que quoi, tu n'es pas

d'accord ?

JMB : (*Rire.*)

AG : Je dis souvent que quand quelqu'un fait le petit chien comme ça…

JMB : (*Rire.*)

AG : …, c'est qu'il a quelque chose à rajouter. Qu'est-ce qu'il y a, qu'est-ce qu'il se passe ?

JMB : Non, non! c'était la question de l'universel en philosophie.

AG : Apparemment, elle te gêne.

JMB : Non, c'est une grande question, c'est pour ça.

AG : Grande ? Moi je la trouve plutôt simple.

JMB : Ah bon ? Pour une fois.

AG : La philosophie ne travaille que dans l'universel.

JMB : Tout à fait.

AG : Donc la singularité, l'intériorité, percer la peau, ce n'est pas possible pour elle.

JMB : Oui.

AG : C'est comme il était interdit aux religieux à l'époque humaniste ou au moyen-âge de disséquer les corps, humains s'entend, qui étaient l'œuvre de Dieu, ou de regarder à l'intérieur du corps, il est interdit au philosophe d'aller regarder à l'intérieur du concept ce qui se passe.

JMB : On peut mettre ça sur le dos d'une croyance alors ?

AG : Eh bien, c'est ce que j'ai essayé de faire en faisant cette allusion ou en rappelant la religion. Une mystique ou une religion, la philosophie, une religion philosophique…

JMB : J'aime bien la mystique.

AG : … qui refuse l'intériorité. Qui refuse d'aller voir dans le corps ce qu'il se passe. Bref!

JMB : Oui, oui, oui, j'aime bien cette image-là, j'aime bien ça. D'un point de vue mystique, j'aime bien cette, ça serait une sorte de…

AG : Et ton père – parce que je vais te provoquer un peu, si tu le permets, je te préviens, hein –, tu vas retourner bientôt lui caresser le poil ?

JMB : (*Rire.*) Oh mon Dieu! ça c'est frontal!

AG : Oui, voilà, je te l'avais dit, je t'ai prévenu, hein ?

JMB : Oh oui, ça alors, c'est le moins qu'on puisse dire.

AG : Ce que je veux dire, c'est : quand vas-tu te décider à…

JMB : À rassembler les pièces ?

AG : À rassembler les pièces, et surtout à te remettre face à ton intériorité, à l'acceptation, tu m'as dit…

JMB : Oui ?…

AG : C'est rigolo ce… – quoi c'est rigolo, je vais arrêter de dire « c'est rigolo » –, mais je suis content, j'aime apprendre des choses, j'aime apprendre ce que je ne savais pas encore jusqu'à il y a quelques minutes, que la part poétique de Jean-Mickaël est identifiée avec l'image de son père. Ton père représente les émotions, la poésie et l'intériorité.

JMB : Eh oui, même moi je ne le savais pas, vous voyez. Et, pour en revenir à l'universel ou à la peau qu'on ne peut pas transpercer, qu'on ne peut pas percer…

AG : Que le philosophe ne peut pas percer.

JMB : Que le philosophe ne peut pas percer et…, j'aime bien cette idée d'un travail sur soi et d'une sagesse qui ne voudrait pas la percer.

AG : O… k.

JMB : Je travaille ça comme une sagesse en fait, pour revenir à la mystique, et puis…

AG : Oh, là, là, mais on en apprend des choses! Tu as travaillé, tu t'es entraîné à ne pas – qui a fait ça d'autre ? – te laisser influencer par tes émotions.

JMB : Ah bon, ça traduit ça ?

AG : Eh bien oui, c'est ce que tu me dis. Tu me dis que tu as travaillé la partie philosophique, c'est-à-dire que tu as travaillé et construit et élaboré tout jusqu'à la peau, mais comment justement ne pas percer la peau ? C'est ce que tu m'as dit. Tu t'es entraîné à ne pas percer la peau.

JMB : À ne pas vouloir…

AG : À ne pas vouloir…

JMB : À ne pas en ressentir le besoin.

AG : …, c'est-à-dire que tu t'es entraîné à ne plus toucher à tes émotions.

JMB : Sur la peau, il y a des émotions, mais il y a la peau aussi. Il y a ma mère, enfin, il y a la structure.

AG : Eh bien, excuse-moi, mais ta peau, telle que tu me l'as présentée dans le premier labyrinthe, avant que n'apparaisse aujourd'hui…, c'est quand même une peau lisse, tendue, une espèce de matière organique qui, honnêtement, ça ne fait pas rêver au niveau des émotions ton truc.

JMB : (*Rire.*)

AG : Je ne sais pas mais on a vu mieux. Alors tu vas me dire, tu pourrais me dire!…

JMB : Mes émotions c'est ce que vous mettez dessus.

AG : Tu pourrais me dire, Jean-Mickaël, tu pourrais me dire : « Vous êtes…

JMB : Pourquoi elles sont dedans les émotions ?

AG : … complètement à côté de la plaque!

JMB : (*Rire.*)

AG : La peau est justement la matière, c'est le récepteur tendu…

JMB : Exactement!

AG : …, on dit : « Je suis à fleur de peau. »…

JMB : Oui!

AG : …, or, au contraire, mon labyrinthe vous l'avez vu comme une surface, mais, en fait, il est émotion, il vibre émotionnellement. C'est ce que vous n'avez pas aperçu. »

JMB : C'est bien, ça! Ce n'est pas moi qui l'ait dit, par contre. (*Rire.*)

AG : Oui, mais il va falloir m'aider, Jean-Mickaël. C'est que c'est TON monde. Moi je parle de loin, je parle du dehors, de mon univers. Moi, après, il faut que tu me dises comment ça résonne à l'intérieur, si effectivement ça fonctionne, ou pas.

JMB : Moi ça fonctionne.

AG : Parce que là, ces deux possi… Ça fonctionne mieux ?

JMB : Là, ça fonctionne beaucoup mieux.

AG : C'est-à-dire plus que la peau comme surface, extériorité pure, elle est le moment de la rencontre, c'est-à-dire le moment où l'émotion…

JMB : Entre les deux.

AG : Oui, le moment où le contact se fait, c'est ça ?

JMB : C'est ça, entre intériorité et extériorité.

AG : Bon, alors, je ne comprends plus maintenant.

JMB : Ah, ben, bon, pourquoi, c'était mieux avant ?

AG : Ben là, je ne comprends plus le rôle que joue le pelage dégradé de ton père, sur cette peau.

JMB : Eh bien, c'est l'inscription des émotions. (*Bruit de scooter qui démarre.*) C'est ce que je voulais dire quand j'ai voulu nuancer cette, ce dégradé de couleurs. C'est justement la lecture et l'interprétation des choses, enfin, donc c'est l'émotion…

AG : Yes!

JMB : En partie, oui, c'est la subjectivité.

AG : On retrouve le schéma. Tu sais ce qu'il y a de beau quand on étudie le labyrinthe, quand on travaille avec quelqu'un sur son labyrinthe ?

JMB : Qu'est-ce qui est beau ?

AG : C'est que les mêmes choses, les mêmes fantômes… Tu te rappelles le socle vide de la statue ?

JMB : Ah oui!

AG : Les mêmes présences invisibles se retrouvent transmutées en différentes formes. Là, tu me dis que les poils ou le pelage sont la concrétisation, c'est ça ? – je ne pourrai pas retrouver tes mots –, c'est ce que la peau…, ce sont les émotions perçues par la peau, c'est ça ?

JMB : Oui, c'est l'inscription de l'émotion.

AG : L'inscription de l'émotion comme, tu te rappelles, le petit schéma sur passé-présent-futur ?

JMB : Oui, très bien.

AG : Tu vois que c'est exactement la même chose, ou pas ?
Le futur c'était justement le moment où les expériences
passées s'inscrivent dans le présent, c'était ça ?

JMB : Oui, tout à fait.

AG : Et on retrouve exactement la même chose…

JMB : La peau, c'est le…

AG : …, on retrouve ce même…

JMB : …, la pointe de ce schéma.

AG : Voilà. On retrouve ce même fantôme. Tu vois ce que je
veux dire ? Ce même concept abstrait qui prend différentes
formes. Et quel est-il ? C'est quoi ce schéma passé-présent-
futur, cette peau qui, par les poils, inscrit, en fait, ses
émotions en elle ou sur elle, qu'est-ce que tu nommes ? Parce
que là, on aura trouvé la clef – j'ai envie de dire la clef d'or –,
celle qui nous permettrait de sortir du labyrinthe. Tu
comprends ce que je veux dire ou pas ?

JMB : Ah oui!

AG : On a saisi une présence, abstraite, comme un fantôme,
qui prend différentes formes : la forme du schéma
géométrique entre passé, présent et futur, la forme des poils
dégradés – de cette couleur souple – qui prennent ou qui
s'inscrivent dans la surface de la mère, hein, dans la peau,
qu'est-ce que c'est ?

JMB : Qu'est-ce que c'est ?

AG : Ben oui. Tu es d'accord que si tu as deux noms ou deux
expériences ou deux représentations radicalement différentes
de quelque chose, et pourtant tu sens que c'est la même
chose, c'est qu'il nous manque autre chose : son véritable
nom.

JMB : 1+1=3 ?

AG : Eh bien, ce que c'est véritablement. De quoi parles-tu ?
Tu le sais ou pas ?

JMB : Moi, je dirais (*Rire.*)…

AG : Dis, ça va m'aider. Moi je dirais rien, moi j'ai rien à dire.

JMB : Ah bon ?

AG : Non. Honnêtement, là, je suis perdu. Je sais simplement, je sais que j'ai vu deux fois la même chose courir devant moi, passer de manière euh…

JMB : Les deux mêmes lapins.

AG : Les deux mêmes lapins passer comme ça, comme un…, ou écureuils, moi je préfère les écureuils.

JMB : Moi j'aime bien les lapins.

AG : Les lapins, ils peuvent rester plus longtemps. Les écureuils, vraiment, ils apparaissent et disparaissent.

JMB : (*Rire.*)

AG : Donc j'ai vu deux petits écureuils. Ils se ressemblent, ce sont les mêmes.

JMB : Les écureuils, les lapins.

AG : Mais euh…, ben oui, c'est le printemps en même temps.

JMB : Oui, écureuils.

AG : Mais j'ai l'impression qu'on manque l'essentiel, en fait. Qu'est-ce que c'est véritablement ça, ce schéma, cette peau poilue ?…

JMB : Cette peau…

AG : Poétiquement poilue.

JMB : Moi j'y vois la figure du philosophe, mais, après, je ne sais pas.

(*Silence, bruits de moteur, bips de recul, bruits d'oiseaux.*)

AG : Allez, allons nous promener un petit peu.

JMB : Ah bon ? Ah oui, ça y est, un labyrinthe en marchant, dis-donc.

(*Bruits des pas sur le gravier.*)

AG : Laissons-nous gagner, ouvrons le champ du labyrinthe à d'autres possibilités. (*Voix de femme.*) J'enregistre un peu le monde extérieur qui a mon avis servira de conclusion à cet exercice. Hélas, les gens sur les bancs sont bien silencieux.

JMB : Ah mais il y a les odeurs!

AG : Mais il y a les odeurs. Les odeurs des fleurs, quoi d'autre ?… le bruit des oiseaux, le cui-cui des oiseaux parce qu'il n'y a pas vraiment de chant, là.

JMB : Il y a l'inactivité sur les bancs, il y a de l'activité…

AG : Inactivité sur les bancs, activité autour.

(*Bruit des pas sur la gravier.*)

AG : On va demander le mot de la fin…

JMB : C'est marrant, dans le labyrinthe, on…

AG : On va demander, tiens! (*À un couple de retraités assis sur un banc.*) Est-ce que vous pouvez, sans vouloir vous déranger, nous donner le mot de la fin. Quel serait-il selon vous ?

La femme : L'heure ?

AG : Non, le mot de la fin.

La femme : F-i-n ?

AG : Oui, selon vous. Si vous deviez donner un mot de la fin, ça serait lequel ?

La femme : Beau et bon en ce moment.

AG : Beau et bon ensemble.

La femme : En ce moment.

AG : C'est vrai, en ce moment il fait beau. En grec, on dit le *kalos kagathos,* le bon et le bien ensemble, ça vous va ?

L'homme : Très bien.

La femme : En ce moment, c'est ce qu'on ressent.

AG : Eh bien, ça m'ira aussi.

La femme : C'est très bien.

AG : Je vous souhaite une très bonne journée. Au revoir! Eh bien…, on ne pouvait pas mieux finir.

TABLE